KB068664

Classic Texts on Democracy:
from Ancient to Modern Times

민주주의 고전 산책

고대부터 근현대까지

최정욱

박영사

미래사회에 맞는 새로운 민주주의를 구상하는 분들께
생각의 거름이 되기를 바라며

서 문

　저자가 서양 정치학 고전을 처음 접한 것도 어언 38년이 되어 간다. 1980년대 중반에 대학을 들어갔을 때 원래 하고자 했던 바는 행정고시를 합격한 후 관료가 되고 장기적으로는 현실정치에 발을 딛는 것이었다. 하지만 당시 정국이 몹시 혼란스럽고 서울대 캠퍼스 역시 사흘이 멀다 하고 최루탄과 화염병이 날아다니는 상황이었다. 이로 인해 1학년 말 진로를 고민한 후에 관료가 되는 꿈을 접고 공부를 하기로 작정했다. 이후 지금은 작고하신 황수익 선생님을 찾아 뵙고 지도를 부탁드렸더니 공부는 고전부터 읽어야 한다고 하시며 우선 플라톤의 *The Republic*을 읽고서 다시 오라고 하셨다. 이 책은 마침 지금은 은퇴하시고 국무총리를 역임하신 이홍구 선생님의 "서양정치사상사" 강의 교재이기도 했다. 이렇게 나는 정치학 고전을 영어로 처음 접하게 되었다.

　이렇게 처음 접하게 되었던 서양 정치학 고전들을 이제 정년을 많이 남겨두지 않은 시점에 다시 읽어보면서 평생을 공부한 정치학을 되돌아볼 기회를 갖고자 이 책을 편집하게 되었다. 서양고전 중에서 저자가 보기에 민주주의 개념과 밀접하게 연관이 있는 저작들을 중심으로 선정하고 그 저작에서 오늘날의 시각에서 의미가 있는 민주주의 개념이나 민주주의에 대한 시각을 제시하는 부분들을 발췌했다. 이렇게 발췌한 영문 원본이나 영문 번역본을 한편으로 하고 다른 한편에는 독자들의 편의를 위해서 국문 번역본을 같이 싣고 있다. 국문 번역은 전적으로 저자의 책임이다. 또한 고전을 쓴 사상가들에 대해서도 간단히 소개를 하고 있는데 이것은 고전에 대한 배경지식을 독자들에게 조금이나마 주고 싶었기 때문이다.

　여기서 민주주의 개념을 중심으로 고전을 추려 출판한 이유는 이 편집서를 여는 헤로도토스의 탄생부터 편집서를 닫는 슘페터의 사망까지 거의 2,400여 년을 관통하는 논의 주제가 많지 않은데 그중의 하나가 민주주의이기 때문이다. 또한 오늘날 정치학의 분야를 망라하고 연구와 고민거리로 자리 잡은 주제가 민주주의이기도 하기 때문이다. 인류의 역사를 통틀어 민주주의에 관해서 이루말 할 수 없이 많은 저자의 저서들 중 이 편집서에서 싣고 있는 것은 빙산의 일각에 불과하다. 구체적으로 여기서 선집한 저작들은 헤로도토스의 『역사』, 투키디데스의 『펠로폰네소스 전쟁사』, 작자미상의 『늙은 과두정치가』, 크세노폰의 『소크라테스 회상록』, 플라톤의 저서 3권, 즉 『메넥세노스』, 『리프블릭(Republic)』, 그리고 『정치가』, 아리스토텔레스의 『정치학』, 보댕의 『커먼웰스(Commonwealth)』, 홉스의 『리바이어던』, 로크의 『통치론』, 몽테스키외의 『법의 정신』, 루소의 『사회계약론』, 칸트의 『영구평화』, 매디슨의 『연방주의자 서신』, 밀의 『대의정부론』, 그리고 슘페터의 『자본주의, 사회주의 그리고 민주주의』이다. 학자들에 따라서 이 편집서를 보고 반드시 들어가야 할 저작들이 빠져있다고 볼 수도 있을 것이다. 예를 들면, 대표적인 것이 토크빌의 『미국의 민주주의』이다. 이러한 불만을 모르는 것은 아니지만, 저자가 나름대로 변명 아닌 변명을 하자면, 토크빌의 명저는 민주주의에 대한 새로운 개념서라기보다는 민주주의의 성공 조건에 관한 것이다. 이 편집서는 서양 민주주의 개념의 변화에 초점을 맞추고 있어 부득이하게 지면상 제한으로 싣지 못했다.

이 편집서의 의도가 고전을 있는 그대로 직접 읽고 그 속에 등장하는 민주 개념을 저자들의 눈으로 보고자 하는 것이기 때문에 여기서 독자들로 하여금 어떻게 이들을 읽을 것인지 혹은 이들이 생각하는 민주 개념이 무엇인지를 두고서 해설을 할 생각은 없다. 만약에 내가 생각하는 민주 개념이나 이들에 대한 나의 해석이 궁금하다면 별도로 내가 쓴 저서인 『서양 민주 개념 통사: 고대편』(박영사, 2021)과 『서양 민주 개념 통사: 근현대편』(박영사, 출간예정)을 참고하면 된다.

이 편집서의 내용이 영문과 국문으로 동시에 되어 있는 것은 나의 또 다른 의도를 반영한 것이다. 오늘날 인공 지능이 발달해 더 이상 번역이나 통역이 필요하지 않고 언어의 장벽이 허물어져 간다고 하지만, 이미 비공식적으로 세계 공용어의 지위를 얻은 언어인 영어와 이제 막 국제어가 되어가는 길을 가고 있는 우리말을 잘 구사하는 것은 현시대를 살아가는 교양인으로서 갖추어야 하는 필수적 요건이다. 대학입시를 위해서 고전을 읽는 우리나라 고등학교 수험생만이 아니라, 서양고전에 굶주린 대학생들, 자기만의 민주주의를 실천하기 위해 민주주의를 고민하는 정치초년생들, 그리고 고급 한국어를 막 시작하는 외국인들한테 이러한 영문과 국문 동시편집이 큰 도움이 되기를 바라 마지않는다.

편집을 하는 데 제일 어려웠던 점은 영문 번역본이나 영문 원서 중 저작권이 붙어있지 않는 텍스트를 구하는 것이었다. 대부분의 저작들이 100년이 넘을 정도로 오래되었기 때문에 저작권이 없지만 그래도 시중에 유통되고 있는 판권들은 이런저런 저작권들이 붙어있어서 여기서 편집하는 데에 사용할 수가 없었다. 결과적으로 여기서 싣고 있는 영문 텍스트는 몇몇을 제외하고 인터넷 아카이브나(Internet Archive, http://www.archive.org) 프로젝트 구텐베르크(Project Gutenberg, http://www.gutenberg.org)에 올라와 있는 것 중 저작권이 없는 판본들에서 발췌한 것이다. 개별 장에서 구체적으로 발췌본의 원본을 명시하고 있기에 여기서는 소개를 생략한다. 독자들 중 해당 고전의 영어로 된 전체 텍스트를 보려고 하는 경우 각 장의 앞 부분에 나오는 원본 소개 부분을 참고하면 된다.

이 편집서를 내는 데 두말할 나위없이 많은 도움을 받았다. 우선 이 편집서는 2018년 대한민국 교육부와 한국연구재단의 지원(과제번호: NRF-2018S1A5A2A01029039)을 받아 수행되었다. 구체적으로 이것은 저자의 한국연구재단 7년 소액연구과제인 "서양사상사에서의 'democracy' 개념의 원론적 재고찰: 고대 그리스 헤로도토스부터 현대비교이론가인 슘페터까지"의 두 번째 출판물이다. 또한 중간중간에 이와 별도로 저자가 재직 중인 건국대학교의 연구 지원도 받았다. 비록 공식적인 연구년 지정 과제는 아니지만 2023년은 내가 정년 전 마지막 연구년을 수행하고 있어 이 편집서에 집중하는 것이 한결 쉬웠다. 이러한 재정적 지원 이외에 연구를 수행함에 있어서 실질적으로 도움을 받은 사람들이 많다. 그중에서 가장 먼저 사의를 표하고 싶은 사람들은 저자가 과제를 수행하면서 쥐꼬리만한 수당을 주는 데도 불구하고 물심양면으로 연구보조원 역할을 묵묵히 수행해준 서울대 대학원의 최서연, 이화여대 대학원의 송지원, 건국대의 김한울, 이선영, 송가영, 그리고 김도형 학생에게 감사드린다. 통상적인 연구보조업무 외에 특히 최서연은 각각 헤로도토스의 인물 소개란을, 송지원은 칸트와 밀을 제외한 나머지 인물 소개란을 맡아서 초고를 작성해 주었다. 이 편집서의 전체 초고가 탈고된 뒤에도 많은 수정 작업을 거쳤는데 그 과정에서 김은경 교수, 문은영 박사, 장보원 박사, 서울대 박사과정의 박광훈, 이선영, 송가영 그리고 아내가 도와주었다. 원서가 영어가 아니고 고대 그리스어나 라틴어, 불어인 경우 영문 번역이 서로 많이 다른 경우가 있어 때때로 원서를 참고해야 했는데, 이 과정에서 구글 번역기를 활용하기도 하였다. 특히 고대 그리스어의 경우는 어감을 파악하기 위해 경희대 국제대학원의 Ioannis Tellidis 교수의 도움을 받기도 하였다. 최종 국문 번역은 원래 개념에 손상을 주지 않는 한, 글자 그대로 번역보다는 편집자가 이해한 저자의 원래 의도를 가능한 살리는 방향으로 했다. 이 결과 편집서의 영문과 국문 번역이 일대일로 대응하지 않을 수 있다. 그럼에도 불구하고 번역이 제일 어려운 용어 중 하나인 "Republic"이나 "Commonwealth"의 경우는 *The Republic of Plato*나 *Six Books of the Commonwealth*와 같이 책의 제목인 경우 국문으로 번역하지 않고 영문 발음대로 사용했다. 마지막으로 도서가 최종적으로 출판되는 데에 여러모로 고생을 한 박영사의 박세기 부장과 양수정 대리 및 편집팀에 깊은 사의를 표하고 싶다. 마지막으로 사의를 잊지 말아야 할 소중한 인연들은 지난 17여 년의 세월 동안 어쩌면 따분할 수 있는 저자의 학부 강좌인 "정치학고전원서강독"을 성심껏 수강하고 이 편집서의 초고를 만들어 가는 과정에서 건설적인 평을 하여준 수 많은 제자들이다. 이들 대부분은 지금 아름다운 건국대 캠퍼스를 떠나고 없지만 이들에게도 감사의 글을 남기고 싶다.

2024년 5월

화창한 봄날 저무는
해를 품은 호수를 내려보며

최정욱

목 차

제
1
장

헤로도토스의 『역사』

헤로도토스의 두상. 고대 아고라 박물관 소장

출처: 편집자

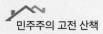
민주주의 고전 산책

- 제3권 탈레이아 BOOK III Thaleia

"다수의 통치는 우선 모든 명칭 중에서 가장 근사한(fairest) 이름, 즉 평등(equality, isonomy)이라는 이름으로 불린다. 다음으로, 다수는 군주가 지닌 속성 중 어느 것도 가지고 있지 않다: 국가의 직무는 제비뽑기로 수행되며, 집행관들은 자신의 행위에 대해 책임져야만 하며, 마지막으로 모든 심의 사항은 공중 집회에 회부된다(오타네스)."

헤로도토스(Herodotus, 484 ~ c. 425 BC)

　　그리스와 이집트, 아라비아 및 소아시아 등을 여행한 후 기록한 책 『역사』를 남겨서 역사학의 아버지로 불리는 헤로도토스는 정치체제에 관한 논쟁을 최초로 기록한 인물이기도 하다. 따라서 서양 민주 개념 통사는 그에서부터 마땅히 출발해야 한다. 그는 소아시아의 할리카르나소스(현재 튀르키예 보드룸 시)에서 부유한 상류층 가정에 태어난 것으로 추정된다. 정치적 이유로 고향을 떠난 그는 기원전 445/4년에 아테네에서 페리클레스와도 친분을 맺었다. 플루타르크의 기록에 따르면 그가 아테네에서 지내는 동안 어린 투키디데스와 만났던 일화가 전해지는데, 그의 『역사』 낭독을 들은 투키디데스가 감동해 눈물을 흘리자 그가 투키디데스의 아버지에게 "아드님께서 학문적 열정을 타고났군요"라고 말했다고 한다. 그는 펠로폰네소스 전쟁이 일어난 후 사망한 것으로 추정된다.

　　『역사』는 헤로도토스가 그리스와 페르시아 사이의 전쟁의 원인과 역사적 의미를 살펴보고자 쓴 책인데 이 편집서에는 『역사』 제3권의 일부가 실려 있다. 헤로도토스는 『역사』 제3권에서 제6권에 걸쳐 페르시아의 왕 다리우스 1세 시기를 서술하는데, 여기에 실린 부분에는 다리우스가 오타네스, 메가비조스와 함께 세 가지 종류의 통치 체제에 대해 논의하는 내용이 담겨 있다. 이것은 서양사뿐만 아니라 세계사에서 최초로 정치체제를 비교한 것이다. 이 편집서에 싣고 있는 영문 번역문은 *The History of Herodotus, trans. by G.C Macaulay*, (London: Macmillan, 1890)에 바탕을 두고 있고 국문 번역은 이 영문 번역본과 *Great Books of the Western World 6., 'The History of Herodotus*'을 참조하였다. 전체 영문 번역본은 Internet Sacred Text Archive(https://sacred-texts.com/cla/hh/index.htm)에서 쉽게 볼 수 있다.

참고문헌

헤로도토스, 김봉철 역. 2016. 『역사』. 길: 서울.

헤로도토스, 천병희 역. 2009. 『역사』. 숲: 서울.

Hutchins, R. M. ed. 1952. *Great Books of the Western World*, vol. VI. Encyclopaedia Britannica, Inc: Chicago.

BOOK III Thaleia

80. When the tumult had subsided and more than five days had elapsed, those who had risen against the Magians began to take counsel about the general state, and there were spoken speeches which some of the Hellenes do not believe were really uttered, but spoken they were nevertheless. On the one hand Othanes urged that they should resign the government into the hands of the whole body of the Persians, and his words were as follows: "To me it seems best that no single one of us should henceforth be ruler, for that is neither pleasant nor profitable. Ye saw the insolent temper of Cambyses, to what lengths it went, and ye have had experience also of the insolence of the Magian: and how should the rule of one alone be a well-ordered thing, seeing that the monarch may do what he desires without rendering any account of his acts? Even the best of all men, if he were placed in this disposition, would be caused by it to change from his wonted disposition: for insolence is engendered in him by the good things which he possesses, and envy is implanted in man from the beginning; and having these two things, he has all vice: for he does many deeds of reckless wrong, partly moved by insolence

제3권 탈레이아

80. 혼란이 사그라들며 5일이 지났을 때, 매기인(Magians)에 대항했던 사람들은 정국을 어떻게 처리할지 의논하기 시작했다. 헬레네 사람 중 일부는 여기서 기록하고 있는 발언들이 정말로 있었다고 믿지 않지만, 실제로 그런 발언들이 있었다. 오타네스는 정부를 페르시아인 전체의 수중에 맡겨야 한다는 취지로 다음과 같이 주장했다: "내가 보기에는 지금부터 우리 중 누구도 지배자가 되지 않는 것이 최선인 것 같다. 왜냐하면 1인이 지배자가 되는 것은 결코 기분 좋은 일도 아니고 유익하지도 않기 때문이다. 여러분은 캄비세스(Cambyses) 왕의 거만함이 얼마나 지속되었는지 목격했고 매기인(Magian)의 오만함 또한 경험했다. 일인 지배자가 자신의 행위에 대해 어떠한 설명도 없이 마음대로 한다는 것을 목격하고도, 우리는 어떻게 일인 통치정을 제대로 질서가 잡힌 통치로 간주할 수 있겠는가? 심지어 모든 인간 중에서 가장 뛰어난 성향의 사람도 이러한 일인 통치자의 습성에 빠지게 되면 기존의 익숙한 자기 성향에서 벗어나서 처신하게 될 것이다. 왜냐하면 일인 통치자는 온갖 좋은 것을 소유해 오만해지며 인간의 본성상 시기심을 지니기 때문이다. 일단 이 두 가지, 시기심과 오만함을 갖게 되면 그는 모든 악행을 하게 된다. 왜냐하면 일부는 시기심에서, 일부는 차고 넘칠 정도로 가진 것에서 나오는 오만함으로 인해 그는 앞뒤를 가리지 않고 나쁜 짓을 많이 할 것이기 때문이다. 또한

proceeding from satiety, and partly by envy. And yet a despot at least ought to have been free from envy, seeing that he has all manner of good things. He is however naturally in just the opposite temper towards his subjects; for he grudges to the nobles that they should survive and live, but delights in the basest of citizens,and he is more ready than any other man to receive calumnies.

Then of all things he is the most inconsistent; for if you express admiration of him moderately, he is offended that no very great court is paid to him, whereas if you pay court to him extravagantly, he is offended with you for being a flatterer. And the most important matter of all is that which I am about to say: --he disturbs the customs handed down from our fathers, he is a ravisher of women, and he puts men to death without trial. On the other hand, the rule of many has first a name attaching to it which is the fairest of all names, that is to say 'Equality'; next, the multitude does none of those things which the monarch does: offices of state are exercised by lot, and the magistrates are compelled to render account of their action: and finally all matters of deliberation are referred to the public assembly. I therefore give as my opinion that we

모름지기 독재자라면 온갖 종류의 좋은 것을 이미 가졌기 때문에 적어도 시기심으로부터 자유로울 것으로 보이지만 실제로 그는 자연스럽게 자기 백성들에게 정반대의 성향을 보인다. 그리해 그는 귀족들이 자신보다 오래 살아남았을 때 시샘하고 시민 중에서 가장 천한 자들을 볼 때 기쁨을 느낀다. 그리고 그는 다른 어떤 사람보다도 중상비방을 듣기 좋아한다.

또한 그는 무엇보다도 변덕이 가장 심한 사람이라고 해야 할 것이다. 만약에 여러분이 그에게 적당한 정도로만 찬사를 늘어놓는다면, 그는 충분히 아부하지 않는다는 이유로 감정이 상하지만, 여러분이 그에게 너무 지나치게 아부한다면 당신을 아첨꾼이라고 여겨 불쾌해할 것이다. 그리고 무엇보다 가장 중요한 문제는 그가 우리 조상 대대로 내려오는 규범(혹은 법)을 뒤흔들어 놓고 여자를 겁탈하고 재판 없이 사람을 죽인다는 점이다. 다른 한편 다수의 통치는 우선 모든 명칭 중에서 가장 근사한(fairest) 이름, 즉 평등(equality, isonomy)이라는 이름으로 불린다. 다음으로, 다수는 군주가 지닌 속성 중 어느 것도 가지고 있지 않다: 국가의 직무는 제비뽑기로 수행되며, 집행관들은 자신의 행위에 대해 책임져야만 하며, 마지막으로 모든 심의 사항은 공중 집회에 회부된다. 그래서 모든 것이 다수에 내포되어 있기 때문에, 우리는 군주정을 버리고 대중의 권력을 강화해야 한다고 생각

let monarchy go and increase the power of the multitude; for in the many is contained everything."

81. This was the opinion expressed by Otanes; but Megabyzos urged that they should entrust matters to the rule of a few, saying these words: "That which Otanes said in opposition to a tyranny, let it be counted as said for me also, but in that which he said urging that we should make over the power to the multitude, he has missed the best counsel: for nothing is more senseless or insolent than a worthless crowd; and for men flying from the insolence of a despot to fall into that of unrestrained popular power, is by no means to be endured: for he, if he does anything, does it knowing what he does, but the people cannot even know; for how can that know which has neither been taught anything noble by others nor perceived anything of itself, but pushes on matters with violent impulse and without understanding, like a torrent stream? Rule of the people then let them adopt who are foes to the Persians; but let us choose a company of the best men, and to them attach the chief power; for in the number of these we shall ourselves also be, and it is likely that the resolutions tak-

한다."

81. 이것이 오타네스가 내놓은 의견이다. 그러나 메가비조스(Megabyzos)는 나랏일은 소수의 통치에 맡겨야 한다며 다음과 같이 주장했다. "폭군정에 반대한 오타네스의 말에 공감하지만, 권력을 대중에게 넘겨줘야 한다는 그의 주장은 최선책이 아니다. 왜냐하면 아무짝에도 쓸모없는 대중보다 더 오만하거나 몰상식한 것은 없기 때문이다. 사람들이 독재자의 오만함에서 도망치기 위해 무절제한 대중한테 권력을 맡긴다면 이보다 더 황당한 일은 없을 것이다. 왜냐하면 독재자의 경우 뭐든 할 때 자신이 최소한 무엇을 하는지를 알고 하지만 대중은 자신이 무엇을 하는지조차도 모르고 하기 때문이다. 다른 사람한테서 고상한 어떤 것도 배운 적이 없고 스스로 어떤 것을 터득한 적도 없는 상태에서 아무것도 이해하지 못하며 흐르는 급류처럼 저돌적으로 사안을 밀어붙이기만 하는 대중이 어떻게 뭔가를 알 수 있겠는가? 따라서 대중에 의한 통치체제는 우리 페르시아의 적국들이 채택하도록 내버려 두고 우리는 일군의 가장 훌륭한 사람들을 선발해 최고의 권력을 맡겨야 한다. 왜냐하면 그렇게 선발된 일군의 사람 중에 우리도 포함될 것이고 가장 뛰어난 사람들이 내린 결정들이 최선일 것이기 때문이다."

en by the best men will be the best."

82. This was the opinion expressed by Megabyzos; and thirdly Dareios proceeded to declare his opinion, saying: "To me it seems that in those things which Megabyzos said with regard to the multitude he spoke rightly, but in those which he said with regard to the rule of a few, not rightly: for whereas there are three things set before us, and each is supposed to be the best in its own kind, that is to say a good popular government, and the rule of a few, and thirdly the rule of one, I say that this last is by far superior to the others; for nothing better can be found than the rule of an individual man of the best kind; seeing that using the best judgment he would be guardian of the multitude without reproach; and resolutions directed against enemies would so best be kept secret. In an oligarchy however it happens often that many, while practising virtue with regard to the commonwealth, have strong private enmities arising among themselves; for as each man desires to be himself the leader and to prevail in counsels, they come to great enmities with one another, whence arise factions among them, and out of the factions comes murder, and from murder results the rule of

82. 이것이 메가비조스가 제시한 의견이었다. 세 번째로 다리우스(Dareios 혹은 Darius)가 나서서 다음과 같이 자신의 의견을 개진했다. "내가 보기에 대중에 관한 메가비조스의 말은 모두 옳다. 하지만 소수의 통치에 관한 그의 말은 잘못되었다. 우리 앞에 현재 세 가지, 즉, 뛰어난 대중 정부, 소수의 통치 그리고 일인 통치가 놓여 있고 각각이 최선인 것으로 생각되지만 나는 마지막 것이 다른 두 개에 비해 훨씬 더 뛰어나다고 생각한다. 왜냐하면 가장 훌륭한 부류의 개인이 하는 통치보다 더 좋은 것은 찾아볼 수 없기 때문이다. 가장 뛰어난 판단력을 가진 그는 나무랄 데 없는 대중의 수호자가 될 것이고, 적국에 대해 내린 조치들은 국가기밀로 가장 잘 지켜질 것이다. 그렇지만, 과두정에서는 종종 많은 사람이 공동체를 위해 덕목을 베풀려고 하다가 자신들 사이에 강한 사적인 원한 관계를 형성하게 된다. 왜냐하면 각자가 본인이 지도자가 되려 하고 자신의 방안을 실행하려고 욕심을 부리기 때문이다. 그 결과 그들 사이에 당파싸움이 생겨나고 이 당파싸움으로 인해 살인도 일어나게 될 것이며 결국에는 일인 통치로 귀결될 것이다. 이것을 보면 일인 통치가 얼마나 최선인가를 알 수 있다.

one man; and thus it is shown in this instance by how much that is the best.

Again, when the people rules, it is impossible that corruption should not arise, and when corruption arises in the commonwealth, there arise among the corrupt men not enmities but strong ties of friendship: for they who are acting corruptly to the injury of the common-wealth put their heads together secretly to do so. And this continues so until at last someone takes the leadership of the people and stops the course of such men. By reason of this the man of whom I speak is admired by the peo-ple, and being so admired he suddenly appears as monarch. Thus he too fur-nished herein an example to prove that the rule of one is the best thing.

Finally, to sum up all in a single word, whence arose the liberty which we possess, and who gave it to us? Was it a gift of the people or of an oligarchy or of a monarch? I therefore am of opinion that we, having been set free by one man, should preserve that form of rule, and in other respects also that we should not annul the customs of our fathers which are ordered well; for that is not the better way."

또한 대중이 통치할 때는 부패가 없을 수 없다. 그리고 부패가 발생하면 부패한 자들 사이에는 원한 관계가 아니라 강한 내적인 유대감이 생긴다. 왜냐하면 부패한 짓을 해 공동체에 손해를 끼치는 자들은 비밀스럽게 서로 머리를 맞대어 작당하기 때문이다. 이런 부패한 짓을 위한 공모는 어떤 한 사람이 대중의 지도자로 종국에 등장해 종식시키기 전까지 계속된다. 그 결과 이 대중의 지도자는 그들의 칭송을 한 몸에 받게 되고 급기야 너무 많은 칭송을 받게 되어 어느덧 군주처럼 보인다. 이런 사례 또한 일인 통치가 최선임을 입증하는 것으로 볼 수 있다.

마지막으로 한마디로 요약하면, 우리가 누리고 있는 자유가 어디서 비롯되었고 누가 그것을 우리에게 주었는가를 생각해보자. 그게 대중이 준 선물이었나, 아니면 과두정의 지배자들이 준 선물이었나, 아니면 군주의 선물이었나? 우리에게 자유를 준 것은 1인이었기 때문에 나는 일인 통치를 유지해야 한다고 생각한다. 또한 다른 면에서 볼 때도 그러하다. 우리는 지금까지 문제가 없었던 우리 조상들의 관행을 폐기하지 말아야 한다. 왜냐하면 그렇게 하는 것은 더 나은 방책이 아니

83. These three opinions then had been proposed, and the other four men of the seven gave their assent to the last. So when Otanes, who was desirous to give equality to the Persians, found his opinion defeated, he spoke to those assembled thus: "Partisans, it is clear that some one of us must become king, selected either by casting lots, or by entrusting the decision to the multitude of the Persians and taking him whom it shall choose, or by some other means. I therefore shall not be a competitor with you, for I do not desire either to rule or to be ruled; and on this condition I withdraw from my claim to rule, namely that I shall not be ruled by any of you, either I myself or my descendants in future time." When he had said this, the six made agreement with him on those terms, and he was no longer a competitor with them, but withdrew from the assembly; and at the present time this house remains free alone of all the Persian houses, and submits to rule only so far as it wills to do so itself, not transgressing the laws of the Persians.

기 때문이다."

83. 이런 세 가지 주장이 피력되었고 그 자리에 있었던 7명 중 나머지 4명은 마지막 주장을 지지했다. 오타네스는 페르시아인들이 평등 정부를 세우길 바랐지만 자기 의견이 받아들여지지 않자, 그곳에 모인 사람들에게 다음과 같이 말했다. "페르시아인들이여, 우리 중에 누군가 왕이 되어야 한다는 것이 분명해졌다. 그것을 제비뽑기로 하든 아니면 페르시아 대중의 결정에 맡겨 그들이 선택한 사람을 취하든 혹은 다른 어떤 방법들로 하든 해야 한다. 그런데 나는 왕이 되려고 여러분과 경쟁하지 않을 것이다. 왜냐하면 나는 통치하는 것도 통치받는 것도 싫기 때문이다. 그리고 다음 조건하에서 나는 내가 통치하겠다는 생각을 포기한다. 즉, 나는 당신들 누구의 지배도 받지 않는다는 조건하에서 그렇게 하고자 한다. 이것은 나 자신만이 아니라 내 후손들에게도 마찬가지다." 그가 이 말을 했을 때, 나머지 6명은 그의 제안에 동의했다. 그리고 그는 더 이상 그들과 권력을 두고 다투지 않고 회의에서 물러났다. 그리고 현재에도 이 가문은 모든 페르시아 가문과 분리되어 홀로 자유로이 남아 있고 페르시아의 법을 어기지 않는 이상 스스로 원하는 경우에만 페르시아 왕의 통치를 받고 있다.

제2장

투키디데스의
『펠로폰네소스 전쟁사』

아테네 역사가이자 장군 투키디데스의 초상화

출처: Shutterstock

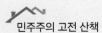
민주주의 고전 산책

- 제2권 제6장 BOOK II Chapter 6

"우리는 다른 이들의 제도와 경쟁하지 않는다. 우리 체제는 이웃 나라의 제도를 베끼지 않았다. 우리는 모방하기보다는 오히려 타의 모범이 된다. 행정은 소수가 아니라 다수를 염두에 두고 이루어진다. 이런 이유로 우리는 그것을 민주정이라고 부른다 (페리클레스)."

민주주의 고전 산책

투키디데스(Thucydides, c. 460 ~ c. 400 BC)

    유명한 페리클레스의 추도사가 등장하는 『펠로폰네소스 전쟁사』를 쓴 투키디데스는 기원전 460년경 아테네의 귀족 가문에서 태어난 것으로 추정된다. 펠로폰네소스 전쟁 당시에 그의 나이는 30세가 넘었다. 또한 그는 펠로폰네소스 반도를 포함해 다양한 지역을 여행한 것으로 보이며, 전쟁이 끝난 해인 기원전 404년 아테네로 돌아가 몇 년 후 사망한 것으로 여겨진다.

    그의 어머니는 기원전 440년대 아테네에서 페리클레스의 정적으로 활동했던 정치가 투키디데스(역사가 투키디데스와는 다른 인물)의 딸로 알려져 있다. 그는 펠로폰네소스 전쟁 당시 아테네에서 여러 군사 작전에 참여했고, 기원전 430년부터 427년 사이 아테네를 강타해 페리클레스를 포함해 많은 사망자를 냈던 역병에 걸리기도 했다. 또한 기원전 424/3년에는 장군으로 선출되어 트라키아 지역에서 해군을 이끌기도 했다. 그러나 암피폴리스의 함락을 막지 못했다는 이유로 아테네 시민들에 의해 반역죄 선고를 받고 추방되어 기원전 404년에 펠로폰네소스 전쟁이 끝날 때까지 약 20년간 아테네로 돌아가지 못했다.

아테네 시청 앞에 자리한 페리클레스(c. 495~429 BC)의 석상.
유독 큰 뒷머리를 가리는 모자를 착용하고 있는 것이 인상적이다.
출처: 편집자

투키디데스의 『펠로폰네소스 전쟁사』는 페르시아에 대항하기 위해 연합했던 그리스 도시 국가들이 아테네 주도의 델로스 동맹과 스파르타 주도의 펠로폰네소스 동맹으로 분열되어 서로 싸운 펠로폰네소스 전쟁(B.C. 431-404)의 양상을 상세하게 서술하고 있다. 이 편집서에서는 그 전쟁의 초기 전투 중 사망한 아테네인들을 추모하는 자리에서 페리클레스가 한 추도사의 일부를 소개하고 있다. 여기서 페리클레스는 민주정을 채택한 아테네의 정치체제가 다른 국가보다 우월한 이유를 역설하고 있는데 이것은 마치 오늘날 대한민국을 위해 전사한 자들을 추도하는 데에 사용되어도 될 만큼 당시 민주정을 특이하게 해석하고 있다. 이 편집서에는 제2권 제6장의 일부를 싣고 있는데 여기서의 영문 번역문은 *Thucydides, 2nd ed. Vol. 1, trans. by Benjamin Jowett* (Oxford: Clarendon Press, 1900)에 바탕을 두고 있다.

페리클레스의 추도 연설 장소: Dipylon , 고대 아테네 북쪽 출입문 바로 외곽에 위치
출처: 편집자

참고문헌

도널드 케이건, 박재욱 역. 2013. 『투퀴디데스, 역사를 다시 쓰다』. 휴머니스트: 서울.

투키디데스, 천병희 역. 2011. 『펠로폰네소스 전쟁사』. 도서출판 숲: 고양.

Hutchins, R. M. ed. 1952. *Great Books of the Western World*, vol. VI. Encyclopedia Britannica, Inc.: Chicago.

Finley, M. I. ed. 1959. *The Greek Historians*. The Viking Press: New York.

Thucydides, Mynott, J. ed. 2013. *The War of the Peloponnesians and the Athenians*. Cambridge University Press: Cambridge.

BOOK II, Chapter 6

37. 'Our form of government does not enter into rivalry with the institutions of others. We do not copy our neighbours, but are an example to them. It is true that we are called a democracy, for the administration is in the hands of the many and not of the few. But while the law secures equal justice to all alike in their private disputes, the claim of excellence is also recognised; and when a citizen is in any way distinguished, he is preferred to the public service, not as a matter of privilege, but as the reward of merit. Neither is poverty a bar, but a man may benefit his country whatever be the obscurity of his condition. There is no exclusiveness in our public life, and in our private intercourse we are not suspicious of one another, nor angry with our neighbour if he does what he likes; we do not put on sour looks at him which, though harmless, are not pleasant. While we are thus unconstrained in our private intercourse, a spirit of reverence pervades our public acts; we are prevented from doing wrong by respect for the authorities and for the laws, having an especial regard to those which are ordained for the protection of the injured as well as to those unwritten laws which bring upon

제2권 제6장

37. 우리는 다른 이들의 제도와 경쟁하지 않는다. 우리 체제는 이웃 나라의 제도를 베끼지 않았다. 우리는 모방하기보다는 오히려 타의 모범이 된다. 행정은 소수가 아니라 다수를 염두에 두고 이루어진다. 이런 이유로 우리는 그것을 민주정이라고 부른다. 사적 분쟁에서 법의 정의가 모두에게 공평하게 보장되지만, 탁월한 능력을 인정해달라고 하면 그 역시 받아들여진다. 즉 어떤 시민이 어떤 방식으로든 뛰어나다면 그는 특권의 측면이 아니라 능력에 대한 보상 차원에서 공적 업무에 우선 선발된다. 또한 빈곤이 출세의 장애가 될 수 없다. 어떤 이가 국가를 위해 일할 수만 있다면 그의 신분(condition)이 미천하더라도(obscure) 상관없다. 정부와 관련해 우리가 만끽하고 있는 자유는 일상적인 삶에도 만연해 있다. 일상 속에서 우리는 서로를 시기의 눈초리로 감시하기보다는 우리 이웃이 마음 내키는 대로 하더라도 화를 내지 않고, 비록 당장 위해를 가하는 것이 아니더라도 상대방의 감정을 상하게 할 수 있는 기분 나쁜 눈초리도 보내지 않는다. 그러나 이렇게 모든 사적인 관계에서 서로 아주 편하게 지내더라도 우리는 시민으로서 무법천지로 사는 것이 아니다. 이러한 걱정을 하지 않아도 되는데 왜냐하면 우리는 집행관들을 존중하고 법률을 준수하게끔 되어 있기 때문이다. 특히 상의군의 보호와 관련한 법률들은 더욱 잘 준수하게끔 되어 있다. 또한 위반하면 일반적으로 정서상 비난을 받게

the transgressor of them the reproba-
tion of the general sentiment.

40. For we are lovers of the beau-
tiful, yet simple in our tastes, and we
cultivate the mind without loss of man-
liness. Wealth we employ, not for talk
and ostentation, but when there is a
real use for it. To avow poverty with
us is no disgrace; the true disgrace
is in doing nothing to avoid it. An
Athenian citizen does not neglect the
state because he takes care of his own
household; and even those of us who
are engaged in business have a very
fair idea of politics. We alone regard
a man who takes no interest in pub-
lic affairs, not as a harmless, but as a
useless character; and if few of us are
originators, we are all sound judges of
a policy. The great impediment to ac-
tion is, in our opinion, not discussion,
but the want of that knowledge which
is gained by discussion preparatory to
action. For we have a peculiar power
of thinking before we act and of acting
too, whereas other men are courageous
from ignorance but hesitate upon re-
flection.

되는 불문율도 마찬가지로 준수하게끔 되
어있다.

40. 우리는 아름다움을 추구하지만 사
치하지 않고, 지식을 갈구하지만 정신적
으로 나약하지 않다. 부는 허세를 떨기 위
해서가 아니라 실질적 필요를 위해 사용
한다. 우리에게는 가난이 결코 부끄러운
일이 아니지만, 그것을 극복하기 위해 노
력하지 않는다면 수치스럽게 여긴다. 아
테네의 시민들은 사적인 일에 신경 쓰느
라 국무를 등한시하지 않으며 심지어 사
업을 하는 사람들도 정치에 대해 매우 잘
알고 있다. 사실 우리는 공적인 일에 관
심 없는 사람들을 단순히 무해한 사람이
아니라 쓸모없는 인간으로 취급한다. 비
록 우리 중 어떤 일을 창안하는 능력을 가
진 사람은 아주 소수에 불과하지만, 우리
모두는 정책을 판단할 수 있는 건전한 능
력을 가지고 있다. 우리 생각에는, 행동하
는 데 있어서 가장 큰 장애물은 토론이 아
니라 행동을 하기 위한 토론에서 얻는 지
식의 부족이다. 따라서 우리는 행동하기
전에 생각하고 결단력 있게 행동하는 특
별한 힘을 가지고 있다. 반면에 다른 나라
사람들은 무지하기에 용감할 수 있으며
이런저런 생각 끝에 주저해 행동하지 못
한다.

제 3 장

익명 작가의
『늙은 과두 정치가』

삼단노 군함 모형. 아테네 해양박물관 소장

출처: 편집자

*삼단노 군함은 인력으로 빠르게 움직이면서 사진에서 보이는 뾰족한 전면돌출부로 적선에 부딪혀 격파하는 돌격선이었는데, 210명에서 216명이 되는 승선원 중 전투원은 10명의 중갑보병과 4명의 궁수가 전부였다. 나머지는 항해사와 일반 선원들이었는데 이 중 170명이 노를 젓는 이들이었다. 맨몸인 이들의 전쟁 기여도로 인해 그동안 재산이 없어 무장을 할 수 없었던 아테네 하층평민들의 정치적 힘이 강해질 수 있었다.

민주주의 고전 산책

- 제1장 Chapter 1

"어떤 이들은 아테네인들이 훌륭한 자들보다 악한 자들, 빈민들, 그리고 민주당파들(democrats)에게 어떻게든 이득을 챙겨주는 것에 놀란다. 그러나 바로 이것이 아테네인들이 민주정을 유지해 나가는 비법이다. 왜냐하면 빈민이나 평민 그리고 형편없는 집단들(elements)이 잘 대접받아야 이들 계층이 성장하게 되고 그 결과 민주정은 더욱 고양될 것이기 때문이다. 반면에 부자와 훌륭한 시민들이 잘 대접받는다면 민주당파들은 결국 그들의 정적을 강화시키는 꼴이 될 것이다(늙은 과두 정치가)."

『늙은 과두 정치가(The Old Oligarch)』 혹은 『아테네인의 정치체제(The Constitution of the Athenians)』는 당초 크세노폰의 저작으로 알려졌으나 이후 연구 결과 기원전 420년 경에 쓰인 것으로 추정되면서 원저자를 알 수 없는 저작으로 남게 되었다. 이에 이제는 '늙은 과두 정치가'의 저작으로 전해지는 경우가 많다. 『늙은 과두 정치가』는 아테네의 체제와 풍습을 소개하고 있는 짧은 글로, 민주정에 대한 신랄한 비판이 주를 이루고 있다. 이 편집서에서는 그중 제1장의 일부를 소개하고 있다. 여기서 싣고 있는 영문 번역문은 *The Old Oligarch Being the Constitution of the Athenians Ascribed to Xenophon*, 2nd ed., trans. by *James Petch*(Oxford: Basil Blackwell, 1900)에 기초하고 있다. 전체 영문 번역본은 Internet Archive(http://www.archive.org)에서 찾아볼 수 있다.

Chapter 1

(1) As for the constitution of the Athenians, their choice of this type of constitution I do not approve, for in choosing thus they chose that rascals should fare better than good citizens. This then is why I do not approve. However, this being their decision, I shall show how well they preserve their constitution, and how well otherwise they are acting where the rest of Greece thinks that they are going wrong.

(2) First of all then I shall say that at Athens the poor and the commons seem justly to have the advantage over the well-born and the wealthy; for it is the commons which mans the fleet and has brought the state her power, and the steersmen and the boatswains and the shipmasters and the lookout-men and the ship-builders - these have brought the state her power much rather than the infantry and the well-born and the good citizens. This being so it seems just that all should have a share in offices filled by lot or by election, and that any citizen who wishes should be allowed to speak.

(3) Then in those offices which bring security to the whole commons if

제1장

(1) 아테네인들의 헌법에 관해서 말하자면, 나는 그들이 이런 식의 헌법을 선택한 것에 찬성하지 않는다. 왜냐하면 그러한 선택은 악한 자들이 훌륭한 시민들보다 더 잘 되어야 한다고 선택한 것이나 마찬가지이기 때문이다. 나는 비록 이런 이유로 아테네 헌정을 지지하지 않지만, 그들이 그렇게 결정한 이상, 나머지 그리스인들의 비난에도 불구하고 그들이 정치체제를 얼마나 잘 유지하고 또한 다른 면에서도 얼마나 잘하고 있는지를 보여주는 게 순리라고 본다.

(2) 우선, 내가 보기에 아테네에서는 당연하게도 빈민과 평민이 귀족과 부자보다 더 많은 이점을 누리고 있는 것 같다. 왜냐하면 다름 아닌 평민이 함선을 운영하는 인력을 제공하고 국가에 위세를 가져다 주었기 때문이다. 보병, 귀족 그리고 훌륭한 시민들보다는 조타수, 갑판장, 선장, 파수병, 조선공들이 국가에 위세를 가져다 주었다. 상황이 이렇다 보니, 제비뽑기나 선거를 통해 모두를 공직에 앉히고, 원한다면 누구든 나서서 연설을 할 수 있도록 허용하는 것 같다.

(3) 그리고 어떤 공직은 훌륭한 시민이 맡는다면 전체 평민이 안전해지고 그렇지

they are in the hands of good citizens, but if not ruin, the commons desires to have no share. They do not think that they ought to have a share through the lot in the supreme commands or in the cavalry commands, for the commons realises that it reaps greater benefit by not having these offices in its own hands, but by allowing men of standing to hold them. All those offices however whose end is pay and family benefits the commons does seek to hold.

(4) Secondly some folk are surprised that everywhere they give the advantage to rascals, the poor and the democrats rather than to good citizens. This is just where they will be seen to be preserving the democracy. For if the poor and the common folk and the worse elements are treated well, the growth of these classes will exalt the democracy; whereas if the rich and the good citizens are treated well the democrats strengthen their own opponents.

(5) In every land the best element is opposed to democracy. Among the best elements there is very little license and injustice, very great discrimination as to what is worthy, while among the commons there is very great ignorance, disorderliness and rascality; for poverty

않으면 이들이 큰 피해를 입게 되는데, 그러한 자리는 평민이 차지하려고 하지 않는다. 이들 평민은 자신들이 제비뽑기로 군 최고 지휘관이나 기병 지휘관의 자리를 차지해야 한다고 생각하지 않는다. 왜냐하면 이런 자리는 그들이 직접 장악하는 것보다는 위신이 있는 사람들이 차지하도록 내버려 두는 것이 자신들에게 더 큰 이득이 됨을 알기 때문이다. 하지만 평민은 돈벌이가 되거나 가족에게 조금이라도 혜택이 되는 자리라면 어떤 자리든 차지하려고 한다.

(4) 두 번째로, 어떤 이들은 아테네인들이 훌륭한 자들보다 악한 자들, 빈민들, 그리고 민주당파들(democrats)에게 어떻게든 이득을 챙겨주는 것에 놀란다. 그러나 바로 이것이 아테네인들이 민주정을 유지해 나가는 비법이다. 왜냐하면 빈민이나 평민 그리고 형편없는 집단들(elements)이 잘 대접받아야 이들 계층이 성장하게 되고 그 결과 민주정은 더욱 고양될 것이기 때문이다. 반면에 부자와 훌륭한 시민들이 잘 대접받는다면 민주당파들은 결국 자기 정적을 강화시키는 꼴이 될 것이다.

(5) 어느 땅에서나 가장 훌륭한 집단들은 민주정에 반대한다. 가장 훌륭한 집단들은 방만함과 부정함이 매우 적고 무엇이 가치 있는지를 판별하는 능력이 아주 뛰어나다. 반면에 평민에게는 무지, 무질서 그리고 사악함이 넘친다. 이들은 가난하기 때문에 수치스러운 짓을 하게 되고,

tends to lead them to what is disgrace-
ful, as does lack of education and the
ignorance which befalls some men as a
result of lack of means

(6) It may be said that they ought
not to have allowed everyone in turn
to make speeches or sit on the Council,
but only those of the highest capabil-
ity and quality. But in allowing even
rascals to speak they are also very well
advised. For if the good citizens made
speeches and joined in deliberations,
good would result to those like them-
selves and ill to the democrats. As it is
anyone who wants, a rascally fellow
maybe, gets up and makes a speech,
and devises what is to the advantage of
himself and those like him.

(7) Someone may ask how such a
fellow would know what is to the ad-
vantage of himself or the commons.
They know that this man's ignorance,
rascality and goodwill are more ben-
eficial than the good citizen's worth,
wisdom and ill-will.

(8) From such procedure then a city
would not attain the ideal, but the de-
mocracy would be best preserved thus.

재산이 없어 교육을 못 받아 무지하기 때
문에 그러하기도 한다.

(6) 아무나 [민회에서] 연설을 하거나
500인 집행위원회(Council)에 앉도록 해
서는 안 되고, 오로지 가장 훌륭한 능력과
자질을 가진 자들만이 그래야만 한다고
들 한다. 하지만 아테네인들이 악당들조
차 연설을 하게 허용하는 것은 그들의 관
점에서 보면 잘하는 짓이다. 왜냐하면 훌
륭한 시민들이 연설하고 정책을 숙의하
는 데 관여한다면, 이러한 훌륭한 시민들
과 같은 사람들에게는 좋은 일이 일어나
겠지만 민주당파들에게는 나쁜 일이 일어
날 것이기 때문이다. 실제로 그런 것처럼,
[아테네에서는] 어쩌면 사악할지도 모르
는 자라도 누구든 원한다면 일어나서 연
설하고, 자신 및 자신과 같은 부류의 사람
들에게 이득이 되는 것을 고안한다.

(7) 혹자는 그러한 자가 자신이나 평민
에게 무엇이 유리한 지를 감히 어떻게 알
수 있냐고 물을지 모른다. 하지만 그들
은 이런 자들이 가진 무지, 사악함, 그리
고 선의가 훌륭한 시민들이 가진 덕성,
지혜 그리고 악의보다 더 유익하다고 생
각한다.

(8) 그런 식으로 운영되면, 비록 공동
체가 이상적인 상태에 도달하지 못할 수
있지만, 민주정은 가장 잘 유지될 것이다.

For it is the wish of the commons not that the state should be well ordered and the commons itself in complete subjection, but that the commons should have its freedom and be in control; disorderliness is of little consequence to it. From what you consider lack of order come the strength and the liberty of the commons itself.

(9) If on the other hand you investigate good order, first of all you will see that the most capable make laws for them; then the good citizens will keep the rascals in check and will deliberate on matters of state, refusing to allow madmen to sit on the Council or make speeches or attend the general assemblies. Such advantages indeed would very soon throw the commons into complete subjection.

(10) The license allowed to slaves and aliens at Athens is extreme and a blow is forbidden there, nor will a slave make way for you. I shall tell you why this is the custom of the country. If it were legal for a slave or an alien or a freedman to be beaten by a freeman, you would often have taken the Athenian for a slave and struck him; for the commons there does not dress better than the slaves and the aliens, and their

왜냐하면 평민이 바라는 바는 국가가 질서정연하게 제대로 운영되어 평민들 자신이 철저하게 복종하며 지내는 것이 아니라 자유를 얻어 스스로 통제하는 것이며, 무질서는 평민들이 전혀 개의할 바가 아니기 때문이다. 당신들이 보기에 무질서한 것에서 바로 평민들의 자유와 힘이 나오는 것이다.

(9) 다른 한편, 질서가 잘 잡힌 곳을 본다면, 우선 무엇보다도 가장 유능한 자들이 그들을 위해 법을 제정하고 있는 것을 목격할 수 있다. 또한 훌륭한 시민들은 미치광이들이 500인 집행위원의 자리를 차지하거나 민회에서 연설하거나 참석하지 못하게 함으로써 악인을 견제하고 국사에 관해 숙고할 것이다. 이렇게 뛰어난 조치들을 하게 되면 평민은 완전히 복종적 위치에 놓이게 될 것이다.

(10) 아테네에서 노예와 거주 외국인의 방만은 극에 달한다. 그곳에서는 이들을 함부로 때리지도 못하고 또한 노예라고 해서 여러분한테 길을 비켜주지도 않는다. 나는 왜 이것이 그 나라의 관습이 되었는지를 설명하고자 한다. 만약에 노예나 거주 외국인이나 해방된 노예가 자유인에 의해서 매를 맞도록 합법화되면 여러분들은 종종 아테네인들을 노예로 착각해 때리게 될 것이다. 왜냐하면 그곳에서는 평민이 노예나 거주 외국인에 비해 더

general appearance is in no way superior.

(11) If anyone is surprised also at their allowing slaves, that is some of them, to live luxuriously and magnificently there, here too they would be seen to act with wisdom. In a naval state slaves must serve for hire, *that we may receive the fee for their labour,* and we must let them go free. Where there are rich slaves it is no longer profitable that my slave should be afraid of you. In Sparta my slave is afraid of you. If your slave is afraid of me there will be a danger even of his giving his own money to avoid personal risks.

(12) This then is why we placed even slaves on a footing of equality with free men; and we placed aliens on a footing of equality with citizens because the state has need of aliens owing to the number of skilled trades and because of the fleet. For this reason then we were right to place even the aliens on a footing of equality.

(13) …

(14) As for the allies, that the Athe-

잘 입고 다니지도 않고 그들의 일반적인 용모도 결코 이들보다 뛰어나 보이지 않기 때문이다.

(11) 노예들이, 아니 그들 중의 일부가 사치스럽고 고상하게 살도록 내버려 두는 것을 보고 놀라겠지만, 사실 이는 나름대로 계획된 결과이다. 해상 국가에서는 노동력을 해결하기 위해 돈을 주고 노예를 고용해 일을 시켜야 하고 이들이 일한 대가를 주인이 받는 대신에 주인은 이들이 자유롭게 지내도록 내버려 둬야만 한다. 부유한 노예가 있는 경우에 본인이 소유한 노예가 다른 사람을 겁내는 것은 전혀 이득이 되지 못한다. 스파르타에서는 본인이 소유한 노예가 남을 두려워한다. 만약에 남이 소유한 노예가 나를 두려워한다면, 그 노예는 신변의 위협을 피하기 위해 자기 돈을 나에게 주기까지 할 것이다.

(12) 바로 이런 이유 때문에 우리는 노예조차 자유인과 동등한 위상에 두었다. 그리고 거주 외국인도 시민과 동등한 위상에 두었다. 왜냐하면 국가는 수많은 숙련업에 종사하는 일손이 되어주고 선단들을 움직이는 인력이 되어 줄 거주 외국인들이 필요했기 때문이다. 이런 이유로 인해 우리가 거주 외국인조차 시민과 동등한 위상에 두는 것은 잘한 일이었다.

(13) 중략

(14) 동맹국 사람들과의 관계에 관해서

nians leave home and, as it is thought, bring false accusations against the good citizens and hate them - they know that the ruler cannot help but be hated by the ruled, and that if the rich and the good citizens in the various cities have control the rule of the commons at Athens will be very short-lived. This then is why they disfranchise the good citizens, rob them of their wealth, drive them into exile, or put them to death, while they exalt the rascals. The good citizens of Athens protect the good citizens in the allied cities, realizing that it is to their own advantage always to protect the best elements in the various cities.

(15) It might be suggested that the ability of the allies to pay tribute is the strength of Athens. The democrats think it more advantageous that each individual Athenian should possess the wealth of the allies and the allies only enough to live on, and continue working without having the power to conspire.

(16) The commons of Athens is also thought to be ill-advised in compelling the allies to travel to Athens to have their law-suits tried. They meet this criticism by reckoning up all the bene-

말하자면, 아테네인들은 국외로 나가서, 알려진 바대로, 해외의 훌륭한 시민들을 허위로 고발하고 그들을 증오한다. 그들은 지배자가 피지배자에 의해서 증오받도록 하는 것밖에 다른 도리가 없다고 보며, 여러 도시국가들에서 부자와 훌륭한 시민들이 지배하게 된다면 아테네에서 평민의 지배가 곧 종식될 것으로 생각한다. 이런 이유로 인해 그들은 [동맹국 내의] 훌륭한 시민들의 시민권을 박탈하거나, 이들의 재산을 탈취하거나 국외로 추방하거나 혹은 죽음에 이르게 하는 반면에, 악랄한 자들은 추켜세운다. [반면에] 아테네의 훌륭한 시민들은 다른 여러 도시국가에서 최고로 훌륭한 집단들을 보호하는 것이 항상 자신들에게 이득이 된다고 보기 때문에 동맹국들의 훌륭한 시민들을 보호한다.

(15) 동맹국 사람들로 하여금 조공을 바치게 하는 능력이 곧 아테네의 국력으로 여겨질지 모른다. 민주당파들은 아테네인 각자가 모두 동맹국 사람들의 부를 소유해야 하고 동맹국 사람들이 간신히 살아갈 정도만 가지며 반항할 힘이 없이 계속 일하도록 하는 것이 아테네에 더 유리하다고 생각한다.

(16) 또한 아테네의 평민은 동맹국 사람들이 재판을 받으러 아테네까지 오도록 강요하는데 흔히 이것은 잘못된 정책으로 여겨진다. 하지만 이들은 이것을 반박하기 위해 그로 인해 아테네 평민이 받게

fits to the Athenian commons that this involves: first of all the receipt of pay out of the court fees all the year round; then while remaining at home without sending out ships they manage the allied cities, and protect the party of the commons while they ruin their opponents in the courts. If each of the allies tried their law-suits at home, out of hatred for Athenians they would have destroyed those of their own people most friendly to the Athenian commons.

되는 모든 혜택을 열거한다. 그 중에서 첫 번째 혜택은 일 년 내내 들어오는 법정 수수료에서 나오는 수입금을 들 수 있다. 그 다음 혜택으로는 군함을 파견하지 않고 국내에 가만히 앉아서도 동맹국들을 관리하고 동맹국의 평민층을 보호하면서, 법정에서 그 반대 세력들을 와해시킬 수 있다는 것을 들 수 있다. 만약에 이들 동맹국 사람들이 자신의 나라에서 제각각 재판을 받게 된다면, 이들은 아테네인들에 대한 혐오감 때문에 아테네의 평민들에게 가장 우호적인 태도를 보이는 자국인들을 재판에서 억압할 것이다.

크세노폰의
『소크라테스 회상록』

크세노폰의 두상

출처: Wikimedia commons

크세노폰과 1만 군병의 흑해 도착

출처: Wikimedia commons

"내가 한마디 충고를 할까 하네. 가장 현명한 자들 앞에서도 자네는 수줍음을 타지 않고 가장 힘 있는 자들 앞에서도 자네는 겁을 먹지 않는데, 유독 멍청한 자들과 무기력한 자들로 구성되어 있는 청중 앞에서 연설하기를 부끄러워하네. 그런데 도대체 자네가 부끄러워하는 그들이 어떤 사람들인가? 직물장이이거나 구두 수선공이거나 목수이거나 대장장이이거나 농부이거나 상인이거나 싸게 사서 비싸게 팔 궁리만 하는 시장의 장돌뱅이에 불과하지 않은가? 왜냐하면 민회라는 게 다름이 아니라 이런 부류의 사람들로 구성되어 있기 때문이지(소크라테스)."

크세노폰(Xenophon, 430 ~ c. 354 BC)

크세노폰은 펠로폰네소스 전쟁 초기 아테네의 부유하고 명망 있는 가문에서 태어났으며, 어려서부터 소피스트들에게 교육받고 성장기에는 소크라테스에게도 지도를 받아서 높은 수준의 학식을 갖추었던 인물로 전해진다. 기원전 401년 키루스가 이끄는 그리스 용병에 가입하고 그가 전사한 후에는 용병대를 지휘하기도 했다. 그 이후 스파르타 장군들과 함께 아시아 지역에서 군사 작전을 수행하면서 스파르타와 친분을 쌓은 탓에 아테네에서 추방당하고 스파르타에 머무르게 되고 스파르타는 그에게 집과 땅을 하사했다. 기원전 369년경에 추방이 철회되었지만, 아들들만 아테네로 돌려보내고 본인은 마지막으로 정착했던 코린토스에 머물기로 하고 아테네로 돌아가지 않았다. 이런 이력 때문에 처음에 그가 『늙은 과두 정치가』라는 책을 쓴 것으로 오해받았다.

그가 소크라테스의 제자가 된 계기는 흥미롭다. 어느 날, 소크라테스가 좁은 골목에서 그와 마주치자 소크라테스가 지팡이를 뻗어 지나가는 길을 방해하면서 식품점이 어디인지 물었다고 한다. 그가 바로 답하자, 이번에는 사람들이 어디에 가야 뛰어난 사람이 될 수 있는지 물었는데 쉽게 답하지 못하자 소크라테스가 "나를 따라오게"라고 말했고, 그때부터 그는 소크라테스의 제자가 되었다고 한다.

『소크라테스 회상록』에서 크세노폰은 소크라테스의 사고 방식과 교육 방식을 보여주고 있는데, 이를 통해 그는 인민재판원단에 의해 사망선고를 받았던 소크라테스의 결백을 입증하려고 했다. 이 편집서에서는 『소크라테스 회상록』 제3권과 제4권 중 소크라테스가 플라톤의 형인 글라우콘, 그의 외삼촌 카르미데스, 그리고 유명한 소피스트인 에우튀데모스와 나눈 대화의 일부를 싣고 있다. 특히 소크라테스는 민주정의 중심 요소인 민중이 누구인가를 명시하고 있다. 여기에 싣고 있는 영문 번역문은 *The Memorable Thoughts of Socrates*, trans. by Edward Bysshe (London: Cassell & Company, 1891)에 기초하고 있다. 전체 영문 번역본은 Project Gutenberg(http://www.gutenberg.org)에서 볼 수 있다. 참고한 다른 번역본은 *Memorabilia*, trans. by E. C. Marchant (Cambridge, Massachusetts: Harvard university Press, 1923)이다.

참고문헌

디오게네스 라에르티오스, 전양범 역. 2008. 『그리스철학자열전』. 동서문화사: 서울.

크세노폰, 이은종 역. 2016. 『크세노폰 소작품집』. 주영사: 성남

Finley, M. I. ed. 1959. *The Greek Historians*. The Viking Press: New York.

BOOK III, Chapter 6

A young man whose name was Glaucon, the son of Ariston, had so fixed it in his head to govern the Republic, that before he was twenty years of age he frequently presented himself before the people to discourse of affairs of state; nor was it in the power of his relations or friends to dissuade him from that design, though all the world laughed at him for it, and though sometimes he was dragged from the tribunal by force. Socrates had a kindness for him, upon account of Plato and Charmidas, and he only it was who made him change his resolution. He met him, and accosted him in so winning a manner, that he first obliged him to hearken to his discourse. He began with him thus:— "You have a mind, then, to govern the Republic, my friend?" "I have so," answered Glaucon. (···)

"I conjure you, then, to tell me," replied Socrates, "what is the first service that you desire to render the State?" Glaucon was considering what to answer, when Socrates continued:— "If you intended to make the fortune of one of your friends, you would endeavour to make him rich, and thus perhaps you will make it your business to enrich the Republic." "I would," answered Glaucon. "Would not the way

제3권 제6장

아리스톤의 아들이자 [플라톤의 형인] 글라우콘은 비록 20세도 안 되었지만 웅변가나 국가의 지도자가 되려고 했다. 그는 연단에서 강제로 끌려 내려와 대중의 웃음거리가 되곤 했다. 하지만 그의 친구나 친척 누구도 그를 말릴 수 없었다. 단지 글라우콘[동명이인, 플라톤의 외할아버지]의 아들[즉, 플라톤의 외삼촌인] 카르미데스와 플라톤 때문에 그에게 관심을 가졌던 소크라테스만이 그를 제어할 수 있었다. 소크라테스는 어느 날 길을 가다 그와 마주치자 멈추어 세우고 말을 걸었다. "글라우콘, 자네 국가의 최고 우두머리가 되려고 마음을 먹었다지?" "네, 그러합니다." *(중략)*

"그럼 어떻게 국가에 대한 봉사를 시작하려고 하는지를 말해보게." 지금까지 어떻게 시작해야 할지를 생각해본 적이 없는 것이 분명해 보이는 글라우콘이 아무 말도 못 하고 있자, 소크라테스가 말하기를 "만약에 자네가 친구의 자산을 불려주려고 한다면, 그를 더 부유하게 만드는 것부터 시작하지 않을까. 그렇다면 우리 국가도 마찬가지로 부유하게 만들려고 애쓰지 않겠나?" "그렇지요." "만약에 국가가 더 많은 세수를 거둔다면 더 부유하지 않

to enrich the Republic," replied Socrates, "be to increase its revenue?" "It is very likely it would," said Glaucon.

"Tell me, then, in what consists the revenue of the State, and to how much it may amount? I presume you have particularly studied this matter, to the end that if anything should be lost on one hand, you might know where to make it good on another, and that if a fund should fail on a sudden, you might immediately be able to settle another in its place." "I protest," answered Glaucon, "I have never thought of this." "Tell me at least the expenses of the Republic, for no doubt you intend to retrench the superfluous." "I never thought of this neither," said Glaucon. "You had best, then, put off to another time your design of enriching the Republic, which you can never be able to do while you are ignorant both of its expense and revenue." (…)

"Take heed, my dear Glaucon, take heed, lest a too great desire of glory should render you despised. Consider

을까?" "아마도 그렇겠지요."

"그럼, 현재 국가의 수입원이 무엇이고 그 총액이 얼마인지 말해보게. 물론 자네는 수입이 부족하다면 수입을 늘려서 부족한 부분을 채우기 위해 이 문제를 살펴보았을 것이네." "아니요, 저는 결코 그렇게 못했습니다." 글라우콘이 대답했다. "그럼 그 문제를 차치하고 국가의 지출에 대해서 말해보게. 분명히 자네는 지나치게 쓰이는 품목을 축소하려고 할 테니." "사실, 저는 그 문제 역시 지금까지 살펴볼 시간이 없었습니다." "오, 그럼 국가를 더 부유하게 만드는 일은 뒤로 미루세. 왜냐하면 수입과 지출에 대해서 잘 모르면서 어떻게 이를 관리할 수 있단 말인가?"

[이어서 글라우콘이 적의 재산을 가지고 나라를 부유하게 만들 수 있다고 하자, 소크라테스가 그럼 전쟁에서 이겨야 하니 글라우콘에게 아테네의 육군력과 해군력 그리고 적국의 군사력을 아는지 물어보고 영토수호를 위해 어느 정도의 병력이 필요하고 병력을 어디에 얼마나 배치해야 하는지를 아느냐고 물었다. 하지만 글라우콘은 이런 것에 대해서 무지할 뿐이었다. (편집자주)] (중략)

"글라우콘, 자네의 지나친 야심으로 낭패를 보지 않도록 주의하게. 자네가 알지 못하는 것을 말하거나 그런 것을 행동으

how dangerous it is to speak and employ ourselves about things we do not understand. What a figure do those forward and rash people make in the world who do so: and you yourself may judge whether they acquire more esteem than blame, whether they are more admired than contemned."

BOOK III, Chapter 7

In confirmation whereof we shall here relate a conversation of his with Charmidas, the son of Glaucon. Socrates, who knew him to be a man of sense and merit, and more capable to govern the Republic than any that were then in that post, but withal a person very diffident of himself—one that dreaded the people, and was mightily averse from engaging himself in public business—addressed himself to him in this manner:— "Tell me, Charmidas, if you knew any man who could gain the prizes in the public games, and by that means render himself illustrious, and acquire glory to his country, what would you say of him if he refused to offer himself to the combat?" "I would say," answered Charmidas, "that he was a mean-spirited, effeminate fellow." "And if a man were capable of governing a Republic, of increasing its power by his advices, and of raising himself

로 옮기는 것이 얼마나 위험한지 모르겠는가? 자네가 알고 있는 사람 가운데 자신들이 명확히 모르는 것을 말하고 행하는 그런 부류의 사람들을 생각해보게. 자네는 그들이 칭찬받을 것이라고 보나 아니면 그로 인해 욕 먹을 것이라고 보나?"

제3권 제7장

소크라테스는 글라우콘의 아들인 카르미데스가 존경받을 만한 인물이고 당시 정치인들보다 훨씬 더 능력이 뛰어나지만 현실 정치에 참여하고 민회에 나가 연설하길 꺼리는 것을 알고 카르미데스에게 말했다. "카르미데스, 큰 경기에서 이길 수 있는 능력을 가지고 있어 자신에게는 명예를 가져다주고 자기 나라에는 영광을 더해줄 수 있는데도 불구하고 경기에 참여하지 않으려고 하는 사람이 있다면 자네는 어떻게 생각하는가?" "당연히 저는 그런 사람은 완전 겁쟁이라고 생각하겠지요." "그러면 어떤 사람이 국사를 잘 돌보아 국가에 이득을 주고 자신의 명예를 높일 수 있는 능력이 있는데도 불구하고 그러하기를 꺼린다면 그 사람은 겁쟁이라고 생각하는 것이 마땅하지 않을까?" "아마도 그렇겠죠. 그런데 왜 그런 질문을 저한테 하나요?" "왜냐하면 자네가 시민으로서 국사를 맡아 하는 것이 의무이기도 하고 자네의 능력으로는 가히 할 수 있는데도 불구하고 내가 보기에 하기를 꺼리기 때문이네." "아니, 어디를 봐서 제게 그런

by this means to a high degree of honour, would you not brand him likewise with meanness of soul if he would not present himself to be employed?" "Perhaps I might," said Charmidas; "but why do you ask me this question?" "Because you are capable," replied Socrates, "of managing the affairs of the Republic, and yet you avoid doing so, though in the quality of a citizen you are obliged to take care of the commonwealth." "And wherein have you observed this capacity in me?"

"When I have seen you in conversation with the Ministers of State," answered Socrates; "for if they impart any affairs to you, I see you give them good advice, and when they commit any errors you make them judicious remonstrances." "But there is a very great difference, my dear Socrates," replied Charmidas, "between discoursing in private and contending in a public manner before the people." "And yet," replied Socrates, "a skillful arithmetician can calculate as well in presence of several persons as when alone; and they who can play well upon the lute in their closets play likewise well in company." "But you know," said Charmidas, "that fear and shame, which are so natural to man, affect us more in

능력이 있다고 생각하세요?"

"공적인 일들을 하는 사람들을 대할 때 그렇네. 그들이 자네의 조언을 구할 때마다 나는 자네가 훌륭한 조언을 하고 그들이 실책을 저지를 때마다 자네는 적절하게 비판을 했다고 생각하네." "소크라테스 선생님, 사적인 대화와 군중과의 토론은 매우 다른 것입니다." "그러나 자네도 알다시피, 수치에 밝은 사람은 혼자 있을 때와 마찬가지로 군중 속에서도 수를 잘 셀 수 있으며 악기를 혼자서 제일 잘 연주하는 사람들은 그에 못지않게 청중들 앞에서도 뛰어나게 잘 한다네." "그렇지만 선생님이 보시기에도 수줍음을 타는 것과 겁을 먹는 것은 사람의 타고난 본성이고 이것은 사적인 모임보다도 군중들 앞에서 훨씬 더 강하게 나타나지 않나요?" "그렇다고 볼 수 있지. 그런데 내가 한마디 충고를 할까 하네. 가장 현명한 자들 앞에서도 자네는 수줍어하지 않고 가장 힘 있는

public assemblies than in private companies." "Is it possible," said Socrates, "that you can converse so unconcernedly with men of parts and authority, and that you should not have assurance enough to speak to fools? Are you afraid to present yourself before dyers, shoemakers, masons, smiths, laborers, and brokers? for of such are composed the popular assemblies.

This is the same thing as to be the most expert in a fencing-school, and to fear the thrust of an unskillful person who never handled a foil. Thus you, though you speak boldly in the presence of the chief men of the Republic, among whom there might perhaps be found some who would despise you, dare not, nevertheless, speak in the presence of an illiterate multitude, who know nothing of the affairs of state, and who are not capable of despising you, and you fear to be laughed at by them." (…) "Be no longer, then, thus negligent in this matter, consider yourself with more attention, and let not slip the occasions of serving the Republic, and of rendering it, if possible, more flourishing than it is. This will be a blessing, whose influence will descend not only on the other citizens, but on your best friends and yourself."

자들 앞에서도 주눅이 들지 않는데, 유독 멍청한 자들과 무기력한 자들로 구성되어 있는 청중 앞에서 연설하기를 부끄러워하네. 그런데 도대체 자네가 부끄러워하는 그들이 어떤 사람들인가? 직물장이이거나 구두 수선공이거나 목수이거나 대장장이이거나 농부이거나 상인이거나 싸게 사서 비싸게 팔 궁리만 하는 시장의 장돌뱅이에 불과하지 않은가? 왜냐하면 민회라는 게 다름이 아니라 이런 부류의 사람들로 구성되어 있기 때문이지.

자네는 마치 스스로가 최고의 검술 전문가이면서도 검을 한번도 잡아본 적이 없는 사람을 겁내는 사람처럼 행동하네. 자네는 자네를 경멸하기도 하는 국가의 제1인자들과 대화할 때도 편하게 하고 평범한 정치인들보다 훨씬 탁월한 말재주를 가졌네. 그럼에도 불구하고 자네는 공무에 관해서 단 한 번도 생각해본 적이 없고 아직 자네를 경멸한 적이 없는 사람들 앞에서 연설하기를 부끄러워하네. 그것도 이 모든 게 다 자네가 조롱받을까 봐 겁내서 그렇다네." (중략) "자네의 사명을 애써 외면하려고 하지 말게. 자신을 보다 진지하게 살펴보고 자네가 공무를 잘보는 능력을 가지고 있다면 공무를 외면하지 말게. 만약에 공무가 잘 처리된다면, 단지 대중들만이 아니라 자네와 자네의 친구들도 그들 못지않게 이득을 보지 않겠나."

BOOK IV, Chapter 2

"And do you think it possible," said Socrates, "to know what a democracy or popular State is without knowing what the people is?" "I do not think I can." "And what is the people?" said Socrates. "Under that name," answered Euthydemus, 'I mean the poor citizens." "You know, then, who are the poor?" "I do," said Euthydemus. "Do you know, too, who are the rich?" "I know that too." "Tell me, then, who are the rich and who are the poor?" "I take the poor," answered Euthydemus, "to be those who have not enough to supply their necessary expense, and the rich to be they who have more than they have occasion for." "But have you observed," replied Socrates, "that there are certain persons who, though they have very little, have nevertheless enough, and even lay up some small matter out of it; and, on the contrary, there are others who never have enough how great so ever their estates and possessions are?" "You put me in mind," said Euthydemus, "of something very much to the purpose, for I have seen even some princes so necessitous that they have been compelled to take away their subjects' estates, and to commit many injustices." "We must, then," said Socrates, "place such princes in the

제4권 제2장

소크라테스: 그럼 이제, 민중이 무엇인지 알지 못하면 민주정이 무엇인지 알 수 있겠는가?

에우튀데모스: 물론 아니지요.

소크라테스: 그럼 자네는 누가 민중이라고 생각하나?

에우튀데모스: 가난한 시민들이라고 생각합니다.

소크라테스: 그럼 자네는 가난한 자들이 누구인지 알고 있는가?

에우튀데모스: 물론 알지요.

소크라테스: 그럼 자네는 부자가 누구인지도 알고 있겠군?

에우튀데모스: 가난한 자들이 누구인지 아는 것처럼 분명히 압니다.

소크라테스: 가난한 자와 부자를 누구라고 이해하고 있나?

에우튀데모스: 가난한 자는 생필품을 구할 만큼 넉넉하지 못한 사람이고 부자란 모든 생필품을 능가하는 재화들을 가지고 있는 자라고 규정하고자 합니다.

소크라테스: 자네는 어떤 자들이 미미한 것을 가지고도 그로써 충분하다고 생각할 뿐만 아니라 실제로 그것에서 뭔가를 남기기도 하는 반면에 다른 이들은 엄청난 재산을 가지고도 충분치 않다고 생각하는 경우를 보지 못했는가?

에우튀데모스: 물론 저는 본 적이 있지요. 이런 사실을 상기시켜 주셔서 감사합니다. 왕관을 차지한 지배자와 독재적인 지배자들이 궁핍 때문에 가장 가난한 자처럼 비행을 저지른다는 것을 들어본 적

rank of the poor, and those who have but small estates, yet manage them well, in the number of rich." "I must give consent to all you say," answered Euthydemus, "for I am too ignorant to contradict you; and I think it will be best for me, from henceforward, to hold my peace, for I am almost ready to confess that I know nothing at all."

이 있습니다.

소크라테스: 그렇다면 우리는 그러한 지배자들을 가난한 자의 부류에 포함시키고 재산이 조금밖에 없지만 잘 관리하는 자들을 부자의 집단에 넣어야만 할 것이네.

에우튀데모스: 말씀하신 모든 것에 동의하지 않을 수가 없습니다. 제가 선생님 의견을 반박하기에는 너무 무지할 뿐입니다. 지금부터 저는 잠자코 가만히 있는 것이 최선이라고 봅니다. 왜냐하면 제가 아무것도 모른다는 것을 기꺼이 인정하지 않을 수가 없기 때문입니다.

제 5 장

플라톤의 『메넥세노스』

Academy of Athens 건물 앞 소크라테스 석상

출처: 편집자

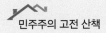

민주주의 고전 산책

- 원문 238b-239쪽 Pages 238b-239

"우리 정치체제는 그때나 지금이나 변함없이 동일한데 그것은 바로 귀족정(aristokratia)이네. 지금 우리는 가장 훌륭한 사람들에 의해서 통치받고 있고 전반적으로 보면 아주 먼 과거부터 지금까지 줄곧 그러했네. 어떤 이는 우리 체제를 민주정이라고 하고 다른 이들은 자기 마음에 드는 다른 이름으로 부르네. 하지만 실제로 이 체제는 귀족정, 다른 말로 하면 다수 혹은 대중(plethos)의 동의를 받아서 가장 훌륭한 사람들이 통치하는 정치체제이네(플라톤)."

플라톤은 기원전 427년 아테네의 귀족 집안에서 태어나 기원전 347년 81세의 나이로 사망했다. 플라톤은 실제 이름이 아니라 그의 넓은 이마나 우람한 체격에서 따온 별명인데 본명은 그의 할아버지와 같은 이름인 아리스토클레스(Aristocles)였다. 두 명의 형과 한 명의 누이를 둔 그에게는 아버지의 사망 후 어머니가 재혼해 낳은 이복동생도 한 명 있었다. 그는 결혼하지 않았으며, 자식도 없었다. 그는 정치적 명문가 출신이지만 스승인 소크라테스의 죽음을 계기로 현실 정치와 거리를 두었다. 실제로 기원전 404년 펠로폰네소스 전쟁이 아테네의 패배로 끝난 후 세워진 30인 과두정에 그의 외당숙과 외삼촌이 참여했으나 그는 권유를 받고도 참여하지 않았다.

플라톤은 줄곧 아테네에서만 머물던 소크라테스와는 달리 아테나 밖 다양한 지역으로 여행했다. 특히 그는 세 차례나 시칠리아를 여행했는데 첫 번째 여행에서 노예시장에 팔려 나갔다가 운 좋게도 친구의 도움으로 겨우 아테네로 돌아올 수 있었던 일도 있었다. 이 첫 번째 시칠리아 여행에서 돌아온 후 '아카데미아' 학당을 아테네 북서쪽에 세웠다.

이 편집서에는 플라톤의 수많은 저술 중 『메넥세노스』, 『리프블릭(Republic)』, 그리고 『정치가』를 소개하고 있다. 특히 이 장에서 소개하는 『메넥세노스』는 오늘날 팸플릿 정도에 해당하는 글인데, 소크라테스의 입을 빌려 당시 아테네의 정치체제를 민주정이 아니라 귀족정이라고 정의한 부분이 흥미롭다. 여기서의 영문 번역문은 *The Dialogues of Plato: vol. 2*, trans. by *Benjamin Jowett*(New York: MacMillan and Co., 1892)의 부록에 실린 *"Menexenus"*에 기초하고 있다. 전체 영문 번역본은 Internet Archive에서 찾아볼 수 있다.

참고문헌

고트프리트 마르틴, 이강서 역. 2004. 『진리의 현관 플라톤』. 한길사: 파주.
디오게네스 라에르티오스, 전양범 역. 2020. 『그리스철학자열전』. 동서문화사: 서울
미하엘 보르트, 한석환 역. 2003. 『철학자 플라톤』. 이학사: 서울.

Pages 238b-239

Thus born into the world and thus educated, the ancestors of the departed lived and made themselves a government, which I ought briefly to commemorate. For government is the nurture of man, and the government of good men is good, and of bad men bad. And I must show that our ancestors were trained under a good government, and for this reason they were good, and our contemporaries are also good, among whom our departed friends are to be reckoned. Then as now, and indeed always, from that time to this, speaking generally, our government was an aristocracy— a form of government which receives various names, according to the fancies of men, and is sometimes called democracy, but is really an aristocracy or government of the best which has the approval of the many. For kings we have always had, first hereditary and then elected, and authority in mostly in the hands of the people, who dispense offices and power to those who appear to be most deserving of them. Neither is a man rejected from weakness or poverty or obscurity of origin, nor honoured by reason of the opposite, as in other states, but there is one principle—he who appears to be wise

원문 238b-239쪽

그렇게 세상에 태어나서 교육받은 우리 전몰자들의 조상들은 스스로 만든 정치체제(politeia) 아래서 살았는데 이 정치체제에 관해서 간단히 언급할 필요가 있다고 보네. 왜냐하면 정치체제가 사람들을 만드는데, 좋은 정치체제는 좋은 사람을 만들고 그 반대의 체제는 나쁜 사람을 만들기 때문이네. 그래서 나는 우리 조상들을 길러낸 이 정치체제가 훌륭한 것이기 때문에 그들과 여기에 전사한 사람들을 포함해 당대의 후손들이 모두 좋은 사람이라는 것을 증명해야만 하네. 우리 정치체제는 그때나 지금이나 변함없이 동일한데 그것은 바로 귀족정(aristokratia)이네. 지금 우리는 가장 훌륭한 사람들에 의해서 통치받고 있고 전반적으로 보면 아주 먼 과거부터 지금까지 줄곧 그러했네. 어떤 이는 우리 체제를 민주정이라고 하고 다른 이들은 자기 마음에 드는 다른 이름으로 부르네. 하지만 실제로 이 체제는 귀족정, 다른 말로 하면 다수 혹은 대중(plethos)의 동의를 받아서 가장 훌륭한 사람들이 통치하는 정치체제이네. 우리한테는 항상 왕들이 있었네. 초반에 그들은 세습되었지만 나중에는 선출되었네. 그리고 권력은 대부분 대중의 수중에 놓여 있었네. 그들은 당대에 가장 뛰어나다고 생각되는 자들에게 공직과 권력을 부여하네. 다른 정치체제에서처럼 어느 누구도 힘이 없거나 가난하거나 출생이 모호하거나 두드러지지 않는다는 이유로 배제되지도 않고 그 반대의 이유로 영예를 누리지도 않

and good is a governor and ruler. The basis of this our government is equality of birth; for other states are made up of all sorts and unequal conditions of men, and therefore their governments are unequal; there are tyrannies and there are oligarchies, in which the one party are slaves and the other masters.

But we and our citizens are brethren, the children all of one mother, and we do not think it right to be one another's masters or servants; but the natural equality of birth compels us to seek for legal equality, and to recognize no superiority except in the reputation of virtue and wisdom.

네. 현명하거나 훌륭하다(good)고 판단되는 사람이 권력을 행사하고 공직을 맡는다는 단 한 가지 기준만 존재하네. 우리가 이런 체제를 가질 수 있었던 것은 출생이 동일하기 때문이네. 다른 도시국가들은 출생이 다양한 불평등한 사람들로 구성되어 있기 때문에 그들의 정치체제 또한 불평등하고 폭군정과 과두정이 세워지게 되네. 이런 체제의 한쪽은 노예이고 다른 한쪽은 주인이네.

우리와 동료 시민들은 모두 한 몸에서 태어난 형제로서 각자를 노예나 주인으로 여기는 짓은 올바르지 않다고 보네. 자연적으로 생긴 이러한 태생적 평등 때문에 우리는 법적인 권리에서도 평등을 추구하고 후덕함 혹은 뛰어남(areté, virtue, goodness)과 사려 깊음 혹은 지혜로움(phronésis)에서만 차이가 발생한다는 것을 인정하고 그에 따라 일을 맡기네.

제
6
장

플라톤의
『리프블릭』

Academy of Athens 건물 앞 플라톤 석상

출처: 편집자

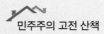

민주주의 고전 산책

"이것이 그리고 이와 같은 것들이 민주정의 특징이네. 한마디로 말하면, 수많은 다양성과 무질서로 가득한 매력적인 형태의 정부이고 동등한 자와 동등하지 않은 자를 똑같이 다루는 특이한 평등 체제이네(플라톤)."

이 장에서는 앞의 5장에 이어서 플라톤의 가장 대표적인 저작인 『리프블릭(Republic)』을 소개하고 있는데, 여기서 그는 소크라테스가 다른 이들과 대화하는 형식을 빌어서 민주정에 대해 신랄한 비판을 하고 있다. 원래 제목은 Πολιτεία로 이것은 영어 알파벳으로 Politeia로 표기되고 라틴어로 De Republica로 번역되고 오늘날 영어로는 The Republic으로 번역된다. 우리나라에서 국가론으로 흔히 번역되지만 국가행정기구인 정부가 아닌 정치공동체 혹은 나라에 더 가까운 의미이다. 여기에 싣고 있는 영문 번역문은 The Dialogues of Plato, vol. 3, trans. by Benjamin Jowett(Oxford: the Clarendon Press., 1892)에 기초하고 있다. 전체 영문 번역본은 Internet Archive에서 찾아볼 수 있다. 여기서의 국문 번역에는 The Republic of Plato, trans. by Francis M. Cornford(London: Oxford University Press., 1964)을 주로 참조하고 다른 영문 번역판도 같이 보았다. 영문 번역이 서로 상이한 경우 전체 맥락에 적합하도록 국문으로 의역했다. 따라서 편집서의 영문과 국문이 의미상 불일치하거나 어울리지 않을 수 있다. 그럼에도 불구하고 전체적으로 의미 전달에는 문제가 없도록 국문으로 번역했다.

BOOK VIII, Pages 555-558

제8권, 원문 555-558쪽

[플라톤은 여기서 인용하는 부분에 앞서서 최선의 국가인 귀족정(aristocracy)이 타락해 군사정부 혹은 명예정부(timocracy)가 되고 이것이 다시 타락해 과두정(oligarchy)이 되고 이 과두정이 타락해 민주정(democracy)이 된다고 설명하고 있다. (편집자 주)]

Well, I said, and how does the change from oligarchy into democracy arise? Is it not on this wise[way]?— The good at which such a State aims is to become as rich as possible, a desire which is insatiable?

그럼 과두정에서 민주정으로 이행이 어떻게 일어나는가? 과두정에서 인생의 목표는 가능한 많은 부를 쌓는 것인데, 멈출 줄 모르는 이런 탐욕으로 인해 민주정으로 이행하게 되네.

What then?

네, 계속 말씀해 보시죠.

The rulers, being aware that their power rests upon their wealth, refuse to curtail by law the extravagance of the spendthrift youth because they gain by their ruin; they take interest from them and buy up their estates and thus increase their own wealth and importance?

지배계급의 권력은 부유함에서 기인하기 때문에 무절제한 젊은이들이 사치로 망가지지 않도록 억제하는 법을 제정하기를 꺼릴 것이네. 그들은 낭비벽이 심한 이들에게 재산을 담보로 돈을 빌려주고 나중에 압류하는 식으로 여느 때보다 부유해지고 영향력이 막강해질 것이네.

To be sure.

그렇지요.

There can be no doubt that the love of wealth and the spirit of moderation cannot exist together in citizens of the same state to any considerable extent; one or the other will be disregarded.

누구나 알듯이, 어떤 한 사회에서 부유함을 영광스럽게 여김과 동시에 구성원들에게 적절한 자제력을 길러주는 것은 불가능하네. 이 두 가지를 동시에 달성하는 것은 어렵고 둘 중 하나는 포기해야만 하네.

That is tolerably clear.

And in oligarchical States, from the general spread of carelessness and extravagance, men of good family have often been reduced to beggary?

Yes, often.

And still they remain in the city; there they are, ready to sting and fully armed, and some of them owe money, some have forfeited their citizenship; a third class are in both predicaments; and they hate and conspire against those who have got their property, and against everybody else, and are eager for revolution.

That is true.

On the other hand, the men of business, stooping as they walk, and pretending not even to see those whom they have already ruined, insert their sting—that is, their money—into someone else who is not on his guard against them, and recover the parent sum many times over multiplied into a family of children: and so they make drone and pauper to abound in the State.

지당한 말씀입니다.

과두정에서는 부주의와 사치의 일반적인 확산으로, [부주의나 사치를 행하지 않던] 훌륭한 이들도 종종 가난에 빠지게 되네. 그들은 할 일 없이 널브러져 있는데 이들 중 어떤 이는 빚에 찌들어 있고, 다른 이는 시민권을 상실하고, 또 다른 이들은 이 두 가지 문제를 동시에 겪고 있네. 이러한 수벌(drones)은 독침으로 무장하고 있고 또 실제로 공격할 수도 있네. 이들은 자신의 재산을 취득한 사람들을 증오하고 그들과 사회에 대항해 싸울 음모를 꾸미는 동시에 혁명을 갈망하게 되네.

사실 그렇지요.

한편, 고리대금업자들은 자신들의 일에 골몰해 이들의 존재를 망각하고 지내네. 이들은 자신들이 가진 돈이라는 독을 주입할 여지를 제공하는 새로운 희생자에게 독침을 놓느라 정신이 없다네. 또한 그들이 고리대금업으로 자본을 증식하고 있는 동안에 수벌과 빈민의 수도 증가하네. 나라가 위기 상황에 빠지려고 하는데도 그들은 급한 불을 끄기 위해 아무것도 하지 않을 것이네. 우리가 언급한 대로, 그들은 각자 자신의 것을 마음대로 하지 못하도록 금지하거나 또는 차선책으로 올

Yes, he said, there are plenty of them—that is certain.

The evil blazes up like a fire; and they will not extinguish it, either by restricting a man's use of his own property, or by another remedy.

What other?

One which is the next best, and has the advantage of compelling the citizens to look to their characters: —Let there be a general rule that everyone shall enter into voluntary contracts at his own risk, and there will be less of this scandalous money-making, and the evils of which we were speaking will be greatly lessened in the State.

Yes, they will be greatly lessened.

At present the governors, induced by the motives which I have named, treat their subjects badly; while they and their adherents, especially the young men of the governing class, are habituated to lead a life of luxury and idleness both of body and mind; they do nothing, and are incapable of resisting either pleasure or pain.

Very true.

바른 처신을 하도록 강제하는 법률을 만들지도 않을 것이네. 자발적인 대출 계약에 따른 위험부담을 대출자가 지도록 하는 법률을 만든다면 이러한 부의 무자비한 추구가 덜 할 것이고 내가 언급했던 죄악들이 줄어들 것이네.

맞는 말씀입니다. 많이 줄어들 것입니다.

그러나 실제로 과두정의 지배자들은 이러한 모든 사유로 인해 자기 백성들을 곤경에 빠뜨리게 되네. 본인들의 몸과 마음이 호사스러워 나태해졌기 때문에 2세들도 쾌락을 이겨내거나 고통을 감내하기에 너무 게으르고 나약하게 기르게 된다네. 이들은 돈 이외에 모든 것을 경시하게 되고 이 결과 빈민이나 마찬가지로 인생에서 추구하는 숭고한 이상이라고는 찾아볼 수 없게 된다네.

They themselves care only for making money, and are as indifferent as the pauper to the cultivation of virtue.

Yes, quite as indifferent.

Such is the state of affairs which prevails among them. And often rulers and their subjects may come in one another's way, whether on a journey or on some other occasion of meeting, on a pilgrimage or a march, as fellow-soldiers or fellow-sailors; aye and they may observe the behaviour of each other in the very moment of danger—for where danger is, there is no fear that the poor will be despised by the rich—and very likely the wiry sunburnt poor man may be placed in battle at the side of a wealthy one who has never spoilt his complexion and has plenty of superfluous flesh —when he sees such an one puffing and at his wits'end, how can he avoid drawing the conclusion that men like him are only rich because no one has the courage to despoil them? And when they meet in private will not people be saying to one another 'Our warriors are not good for much?'

Yes, he said, I am quite aware that this is their way of talking.

이러한 상태의 지배자들과 백성들이 같이 지내게 될 때, 만약 바닷길이나 육로로 축제나 전투에 참가하기 위해 같이 길을 가게 된다면, 무슨 일이 벌어지겠는가? 부자들은 빈민보다 더 고상하다고 결코 자부하기 어려울 것이네. 깡마르고 햇볕에 검게 그을린 가난한 사람이 부유함과 실내생활로 살이 피둥피둥 쪄서 숨을 헐떡이고 힘들어하는 표정이 역력한 사람과 같이 전쟁터에 나란히 배치될 수도 있네. 이런 사람을 보고서 그는 '우리가 겁쟁이기 때문에 저런 인간들이 부유한 거야'라고 생각하기 마련이네. 그리고 그와 친구들만 따로 만났을 때, 이런 말들이 오갈 것이네: "이런 사람들은 아무짝에 쓸모가 없다. 그들의 운명은 우리가 하기 나름에 달려있다."

그럼요. 그런 일이 확실히 일어날 것입니다.

And, as in a body which is diseased the addition of a touch from without may bring on illness, and sometimes even when there is no external provocation a commotion may arise within —in the same way wherever there is weakness in the State there is also likely to be illness, of which the occasion may be very slight, the one party introducing from without their oligarchical, the other their democratical allies, and then the State falls sick, and is at war with herself; and may be at times distracted, even when there is no external cause.

Yes, surely.

And then democracy comes into being after the poor have conquered their opponents, slaughtering some and banishing some, while to the remainder they give an equal share of freedom and power; and this is the form of government in which the magistrates are commonly elected by lot.

Yes, he said, that is the nature of democracy, whether the revolution has been effected by arms, or whether fear has caused the opposite party to withdraw.

And now what is their manner of

이런 국가는 아픈 사람처럼 위태로운 상황에 놓이게 될 것이네. 그 결과 바깥으로부터 조그마한 충격만 받아도 안정을 잃어버리거나 혹은 그런 외부 충격이 없더라도 내부적으로 동요가 일어날 수 있네. 그런 국가는 병들게 되고 어느 한 분파가 이웃의 과두정이나 민주정에서 동맹 세력을 끌어들이면 아주 사소한 일을 두고 곧바로 내전에 빠지게 되거나, 때로는 아무런 외부 개입이 없더라도 내전이 발발하기도 한다네.

정확히 맞는 말입니다.

그리고 빈민이 승리하면 그 결과로 민주정이 들어서게 되네. 그들은 반대당의 사람 가운데 일부를 죽이고 일부는 추방하며, 그 나머지는 동등하게 시민권과 공직을 나누어 주네. 공직은 보통 추첨으로 배당하네.

네. 그게 바로 민주정이 수립되는 방식이지요. 무력으로 강제하거나 상대편 당을 공포에 몰아넣어 권력을 내어주게 만들어 버립니다.

그러면 그들의 삶의 양식은 어떠하며

life, and what sort of a government have they? for as the government is, such will be the man.

Clearly, he said.

In the first place, are they not free; and is not the city full of freedom and frankness—a man may say and do what he likes?

Tis[This is] said so, he replied.

And where freedom is, the individual is clearly able to order for himself his own life as he pleases?

Clearly.

Then in this kind of State there will be the greatest variety of human natures?

There will.

This, then, seems likely to be the fairest of States, being like an embroidered robe which is spangled with every sort of flower. And just as women and children think a variety of colours to be of all things most charming, so there are many men to whom this State, which is spangled with the man-

이 정부는 어떤 종류의 정부일까? 어떤 정부인지를 보면 그 속의 인간이 어떤 유형인지 가늠할 수 있을 것이네.

분명히 그렇습니다.

우선, 그들은 자유롭다네. 자유와 자유로운 언론이 모든 곳에 무르익어 있지. 누구든 자신이 좋아하는 것을 하도록 허용하지.

네. 그렇게 우리도 알고 있습니다.

사정이 그러하니, 누구나 자기 취향에 맞게 삶의 양식을 스스로 정할 것이네. 이 결과 다른 어떤 정치체제보다도 더 많은 종류의 인간들이 존재할 것이네.

이 체제는 갖가지 다양한 성격의 인간들로 구성되어 있어, 모든 체제 중에서 가장 멋져 보일 수 있네. 많은 사람들은 그것이 제일 좋은 체제라고 생각할지 모르네. 마치 여자와 어린아이들이 온갖 색조가 다양하게 섞여 있는 무늬의 옷을 찬탄하는 것과 마찬가지라네.

ners and characters of mankind, will appear to be the fairest of State.

Yes.

Yes, my good Sir, and there will be no better in which to look for a government.

Why?

Because of the liberty which reigns there—they have a complete assortment of constitutions; and he who has a mind to establish a State, as we have been doing, must go to a democracy as he would to a bazaar at which they sell them, and pick out the one that suits him; then, when he has made his choice, he may found his State.

He will be sure to have patterns enough.

And there being no necessity, I said, for you to govern in this State, even if you have the capacity, or to be governed, unless you like, or to go to war when the rest go to war, or to be at peace when others are at peace, unless you are so disposed—there being no necessity also, because some law forbids you to hold office or be a dicast,

어쨌든 우리가 어떤 정치체제를 찾고 있다면 이곳이 그런 것을 찾을 수 있는 좋은 장소이지.

왜 그런지요?

민주정은 매우 자유로워 모든 종류의 체제 견본을 갖추고 있다고 봐야 하네. 지금 우리가 해오고 있는 것처럼 국가를 건설하려는 사람은 누구나 이 정치체제의 만물상을 우선 방문해 자신이 가장 좋아하는 모형을 골라야만 할 걸세.

그는 고를 것이 참 많다는 것을 알게 되겠지요.

또한 이 체제에서는 사람들이 아무리 능력이 뛰어날지라도 공직을 담당할 의무가 없으며 원하지 않는다면 정부의 결정에 따르지 않아도 되네. 동료 시민들이 전쟁에 나갈 때 전투에 참가할 필요가 없으며 스스로가 평화를 원하지 않는다면 그들이 평화롭게 지낸다고 할지라도 그럴 필요가 없다네. 비록 사람들이 공직을 담당하거나 재판원으로 일할 아무런 법적

that you should not hold office or be a dicast, if you have a fancy—is not this a way of life which for the moment is supremely delightful?

For the moment, yes.

And is not their humanity to the condemned in some cases quite charming? Have you not observed how, in a democracy, many persons, although they have been sentenced to death or exile, just stay where they are and walk about the world—the gentleman parades like a hero, and nobody sees or cares?

Yes, he replied, many and many a one.

See too, I said, the forgiving spirit of democracy, and the 'don't care' about trifles, and the disregard which she shows of all the fine principles which we solemnly laid down at the foundation of the city—as when we said that, except in the case of some rarely gifted nature, there never will be a good man who has not from his childhood been used to play amid things of beauty and make of them a joy and a study—how grandly does she trample all these fine notions of ours under her feet, never giving a thought to the pursuits which make a statesman, and promoting to honour anyone who

권한이 없더라도 그것이 멋있다고 생각한다면 그들은 그렇게 할 수 있네. 이런 식의 삶은 당장은 최고로 즐거운 삶이 아니겠는가?

당장은 분명 그러하지요.

법정에서 형을 선고받은 사람들을 보면 여기서는 관용을 베푸는 정신이 얼마나 넘치는지를 알 수 있네. 민주정에서 추방이나 사형을 선고받은 사람들이 계속 머물거나 백주 대낮에 공공연히 돌아다니는 것을 틀림없이 보았을 것이네. 그런데 여기서는 마치 눈에 보이지 않는 유령이 걸어 다니는 것처럼 아무도 그런 자들을 신경 쓰지 않지. 너무나 관대하고, 사소한 것에는 너무 무신경하네. 또한 우리가 공동체를 건설할 때 구축했던 모든 멋진 원칙들이 완전히 무시되고 있다네. 예를 들어, 아주 예외적인 능력을 타고난 사람을 제외하고, 우리는 아주 어릴 적부터 고상한 삶을 살고 올바른 놀이를 하지 않는다면 결코 훌륭한(good) 사람이 될 수 없다는 말을 듣곤 하는데 바로 이런 원칙들이 무시되어 버리지. 민주정은 그러한 모든 사회적 통념들을 짓밟아버린다네. 놀랍지만, 민주정에서는 어떤 사람이 정치를 시작하기 전에 인생을 어떻게 살아왔는지 개의치 않기 때문에 자신을 민중의 친구라고 부르기만 한다면 누구나 영광스러운 자리에 앉게 된다네.

professes to be the people's friend.

Yes, she is of a noble spirit.

These and other kindred characteristics are proper to democracy, which is a charming form of government, full of variety and disorder, and dispensing a sort of equality to equals and unequals alike.

정말로 훌륭하네요.

이것이 그리고 이와 같은 것들이 민주정의 특징이네. 한마디로 말하면, 수많은 다양성과 무질서로 가득한 매력적인 형태의 정부이고 특이하게도 동등한 자와 동등하지 않은 자를 똑같이 다루는 평등체제이네.

제 7 장

플라톤의 『정치가』

플라톤이 세운 최초의 학교인 아카데미 유적지에 놓인 플라톤 석상.
숲의 뒤편이 아카데미가 있었던 곳이지만 지금은 폐허만 남아 있다.
출처: 편집자

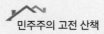

마치 이것은 의료인이 우리의 의사에 반해서 치료하든 우리의 의사에 따라서 치료하든, 그의 치료 방법이 무엇이든, 즉 수술이든 불태우는 것이든 어떤 다른 고통을 가하는 것이든, 그가 책을 보고서 그에 따라서 치료하든 책은 덮어 두고 하든, 그가 부자이든 가난하든, 뭔가를 우리 몸에서 제거하든 다른 식으로 우리 몸무게가 줄게 하든 아니면 우리 몸집이 불어나게 하든, 그가 우리 몸을 돌보면서 과거보다 더 건강하게 만들어 주고 잘 돌본다면 여전히 의료인인 것과 마찬가지이네. 내 생각에 이런 것만이 의술이나 다른 어떤 종류의 통치술을 판별하는 척도이네. 그리고 그것이 유일하게 제대로 된 기준이네. (중략) 같은 이야기를 정치체제에도 할 수 있네. 정치체제 중에서 다른 것들과 비교해 유일하게 제대로 된 정치체제라고 부를만한 것에서는 통치자들이 전문적인 통치술 혹은 통치 과학을 진정으로 익혀 가지고 통치하지, 단순히 그럴 듯하게 보이기만 하지는 않을 것이네. 이것은 그들이 법에 따라서 통치하든 법 없이 통치하든, 자발적으로 따르는 백성을 통치하든 비자발적으로 굴복하는 백성을 통치하든, 그리고 이들 통치자들이 부자이든 가난한 자들이든 상관이 없네. 이러한 기준들은 제대로 된 정치체제를 판별하는 하등의 원칙이 될 수 없네. (중략) 그리고 그들이 도시국가의 이익을 위해서 몇 명의 사람을 죽이거나 추방함으로써 도시국가를 정리하든 혹은 벌떼처럼 어딘가에 식민 집단을 내보내서 규모를 줄이든, 외부의 어느 곳으로부터 사람들을 들여와서 시민으로 만들어 도시 규모를 키우든, 그들이 전문적인 지식과 정의에 따라서 도시국가를 보존하기 위해 노력하고 능력이 닿는 대로 도시국가를 과거보다 더 좋게 만든다면, 우리가 제시한 조건들과 기준들에 따라서 판단할 때 이것이야말로 유일하게 제대로 된 정치체제라고 해야 할 것이네(플라톤)

이 편집서에서 다루고 있는 플라톤의 저작 중 마지막 저작인 『정치가』를 이 장에서 소개하고 있다. 이 저작은 플라톤의 정치학 저서 중 비교적 덜 읽히는 글에 속한다. 하지만 그의 어떤 저작보다도 정치체제 구분을 체계적으로 제시하고 있다는 점에서 매우 중요한 의미를 지닌다. 여기서 플라톤은 이방인과 청년 소크라테스라는 인물을 등장시켜 이 두 사람이 대화하는 형식으로 글을 전개해간다. 여기서의 영문 번역문은 *The Dialogues of Plato*: vol. 4, trans. by *Benjamin Jowett*(Oxford: the Clarendon Press., 1892)에 바탕을 두고 있다. 전체 영문 번역본은 Internet Archive에서 찾아볼 수 있다. 여기서도 일부 편집서의 영문과 국문이 서로 정확하게 일치하지 않을 수 있다. 그럼에도 불구하고 전체적으로 본래의 의미를 살리면서 국문으로 번역했다.

Pages 291d-303b

Str. Is not monarchy a recognized form of government?

Y. Soc. Yes.

Str. And, after monarchy, next in order comes the government of the few?

Y. Soc. Of course.

Str. Is not the third form of government the rule of the multitude, which is called by the name of democracy?

Y. Soc. Certainly.

Str. And do not these three expand in a manner into five, producing out of themselves two other names?

Y. Soc. What are they?

Str. There is a criterion of voluntary and involuntary, poverty and riches, law and the absence of law, which men now-a-days apply to them; the two first they subdivide accordingly, and ascribe to monarchy two forms and two corresponding names, royalty and tyranny.

Y. Soc. Very true.

Str. And the government of the few they distinguish by the names of aristocracy and oligarchy.

Y. Soc. Certainly.

Str. Democracy alone, whether rigidly observing the laws or not, and whether the multitude rule over the men of property with their consent or

원문 291d-303b쪽

이방인: 우리는 군주정을 도시국가의 다양한 통치 형태 중 하나로 인정하지 않는가?

청년 소크라테스: 그렇지요.

이방인: 군주정 다음으로는 소수에 의한 정부를 들 수 있을 것이라고 생각하네.

청년 소크라테스: 물론이지요.

이방인: 세 번째 종류의 정치체제 형태는 민주정의 이름으로 불리는 다수의 무리에 의한 통치가 아니겠는가?

청년 소크라테스: 그렇지요.

이방인: 그리고 이 세 가지 정치체제는 그것들로부터 다시 2개의 다른 이름이 나와서 다섯 개로 늘어나지 않는가?

청년 소크라테스: 그게 무슨 말씀인가요?

이방인: 체제를 구분할 때 오늘날 사람들이 적용하는 기준 중에는 자발과 강요, 빈곤과 부유함, 그리고 법과 무법이 있네. 이에 따라서 첫 번째 두 개의 체제를 다시 나누는데, 군주정(혹은 일인정)을 두 개의 형태로 구분하고 그에 따라 두 개의 다른 이름, 왕정과 폭군정(혹은 참주정, 독재정)으로 부를 수 있네.

청년 소크라테스: 사실이지요.

이방인: 그리고 소수의 정부는 귀족정과 과두정이라는 이름으로 구별한다네.

청년 소크라테스: 맞습니다.

이방인: 민주정만 법을 엄격히 준수하든 아니든, 다수 대중이 부자들의 동의를 얻어 하든 그들의 의사에 반해서 하든, 통상적으로 똑같은 이름을 항상 유지하네.

against their consent, always in ordinary language has the same name.

Y. Soc. True.

Str. But do you suppose that any form of government which is defined by these characteristics of the one, the few, or the many, of poverty or wealth, of voluntary or compulsory submission, of written law or the absence of law, can be a right one?

Y. Soc. Why not?

Str. Reflect; and follow me.

Y. Soc. In what direction?

Str. Shall we abide by what we said at first, or shall we retract our words?

Y. Soc. To what do you refer?

Str. If I am not mistaken, we said that royal power was a science?

Y. Soc. Yes.

Str. And a science of a peculiar kind, which was selected out of the rest as having a character which is at once judicial and authoritative?

Y. Soc. Yes.

(…)

Str. Hence we are led to observe that the distinguishing principle of the State

청년 소크라테스: 그렇습니다.

이방인: 그러나 자네가 생각하기에, 하나 혹은 소수 혹은 다수이든, 가난함 혹은 부유함이든, 자발적 복종 혹은 강제적 복종이든, 또는 성문법의 적용이든 혹은 법이 없든 이런 특징들로 규정한 정부는 어떤 것이라도 올바른 정부가 될 수 있을 것 같나?

청년 소크라테스: 왜 아니겠습니까?

이방인: 생각해보고 나를 따라오게.

청년 소크라테스: 어느 방향으로 말씀이신지?

이방인: 처음에 우리가 말했던 것을 지켜야 한다고 보나 아니면 우리가 한 말을 취소해야만 한다고 보나?

청년 소크라테스: 무엇을 두고 하는 말씀이신지요?

이방인: 내가 잘못 알고 있는 게 아니라면, 우리는 왕정 통치가 일종의 전문지식 혹은 과학이라고 말했네.

청년 소크라테스: 맞습니다.

이방인: 그것도 특별한 종류의 과학이지 않은가? 그것은 판정을 하면서 동시에 그 판정이 구속력을 갖기 때문에 다른 과학(혹은 전문지식)들과 구분되는 특별한 종류의 과학이지 않은가?

청년 소크라테스: 네.

(중략)

이방인: 바로 여기서 우리는 앞서 우리가 말했던 것과 일관성을 유지하려면, 어

cannot be the few or many, the voluntary or involuntary, poverty or riches; but some notion of science must enter into it, if we are to be consistent with what has preceded.

Y. Soc. And we must be consistent.

Str. Well, then, in which of these various forms of States may the science of government, which is among the greatest of all sciences and most difficult to acquire, be supposed to reside? That we must discover, and then we shall see who are the false politicians who pretend to be politicians but are not, although they persuade many, and shall separate them from the wise king.

Y. Soc. That, as the argument has already intimated, will be our duty.

Str. Do you think that the multitude in a State can attain political science?

Y. Soc. Impossible

Str. But, perhaps, in a city of a thousand men, there would be a hundred, or say fifty, who could?

Y. Soc. In that case political science would certainly be the easiest of all science; there could not be found in a city of that number as many really first-rate draught-players, if judged by the stan-

떤 식으로든 과학 개념이 정치체제를 구분하는 원칙에 포함되어야 한다는 것을 지적하지 않을 수 없네. 정치체제의 구분 원칙은 소수냐 다수냐 혹은 자발적이냐 비자발적이냐, 혹은 가난함이냐 부유함이냐가 될 수 없네.

청년 소크라테스: 우리는 일관성을 유지해야지요.

이방인: 그렇다면 이제, 이러한 다양한 정치체제 중 어디에서 통치 과학, 즉 모든 과학 중에서도 가장 얻기 힘들고 가장 중요한 과학(혹은 전문지식)을 찾아볼 수 있겠는가? 우리는 이것을 알아내야만 하네. 그래야만 우리는 많은 사람들로 하여금 통치술을 가진 척 믿게 만들지만 실제로는 그렇지 못한 가짜 정치인이 누구인지를 찾아내고 그들을 현명한 왕과 구분할 수 있을 것이네.

청년 소크라테스: 우리의 논의가 시사하고 있는 바와 같이 그렇게 하는 것이 우리의 일이겠지요.

이방인: 자네 생각에 어떤 도시국가에서 다수의 무리가 통치 전문지식 혹은 통치술을 취득할 수 있겠는가?

청년 소크라테스: 불가능하지요.

이방인: 그렇다면 천 명의 인구로 구성된 체제에서는 100명이나 50명 정도가 그럴 수 있겠는가?

청년 소크라테스: 그렇다면 통치술은 모든 과학 중에서 제일 쉬운 것이 분명 될 것입니다. 왜냐하면 우리는 다른 그리스 세계의 기준으로 판별할 때, 천 명 중에 그렇게 많은 일급 보드게임 경기자가 있

dard of the rest of Hellas, and there would certainly not be as many kings. For kings we may truly call those who possess royal science, whether they rule or not, as was shown in the previous argument.

Str. Thank you for reminding me; and the consequence is that any true form of government can only be supposed to be the government of one, two, or, at any rate, of a few.

Y. Soc. Certainly.

Str. And these, whether they rule with the will, or against the will, of their subjects, with written laws or without written laws, and whether they are poor or rich, and whatever be the nature of their rule, must be supposed, according to our present view, to rule on some scientific principle; just as the physician, whether he cures us against our will or with our will, and whatever be his mode of treatment,—incision, burning, or the infliction of some other pain,—whether he practises out of a book or not out of a book, and whether he be rich or poor, whether he purges or reduces in some other way, or even fattens his patients, is a physician all the same, so long as he exercises authority over them according to rules of art, if he only does them good and heals and saves them. And this we lay

다고 믿기 어려울 것인데, 하물며 그렇게 많은 왕이 [즉, 통치술을 익힌 자가] 있을 리가 없기 때문이지요. 우리는 앞서 말한 바와 같이, 실제로 통치하든 안 하든 통치의 전문지식을 터득한 사람들을 왕으로 칭할 수 있을 테니까요.

이방인: 제대로 기억하고 있네. 이런 결과, 우리는 어떤 한 사람 혹은 두 사람 혹은 아주 소수와 관련해서만 제대로 된 통치체제를 운운할 수 있을 것이네.

청년 소크라테스: 그렇습니다.

이방인: 그리고 이 사람들은 백성들(혹은 통치 대상자)의 의지에 맞추어 통치하든 그에 반해 통치하든, 성문법을 가지고 통치하든 성문법 없이 통치하든, 그들이 가난하든 부자이든, 그리고 그들 통치의 성격이 어떠하든, 현재 우리의 견해에 따르면 그들은 어떤 과학적인 원칙에 따라 통치하는 것으로 간주해야만 하네. 마치 이것은 의료인이 우리의 의사에 반해서 치료하든 우리의 의사에 따라서 치료하든, 그의 치료 방법이 무엇이든, 즉 수술이든 불태우는 것이든 어떤 다른 고통을 가하는 것이든, 그가 책을 보고서 그에 따라서 치료하든 책은 덮어두고 하든, 그가 부자이든 가난하든, 뭔가를 우리 몸에서 제거하든 다른 식으로 우리 몸무게가 줄게 하든 아니면 우리 몸집이 불어나게 하든, 그가 우리 몸을 돌보면서 과거보다 더 건강하게 만들어 주고 잘 돌본다면 여전히 의료인인 것과 마찬가지이네. 내 생각에 이런 것만이 의술이나 다른 어떤 종류의 통

down to be the only proper test of the art of medicine, or of any other art of command.

Y. Soc. Quite true.

Str. Then that can be the only true form of government in which the governors are really found to possess science, and are not mere pretenders, whether they rule according to law or without law, over willing or unwilling subjects, and are rich or poor them-selves—none of these things can with any propriety be included in the notion of the ruler.

Y. Soc. True.

Str. And whether with a view to the public good they purge the State by killing some, or exiling some; whether they reduce the size of the body corporate by sending out from the hive swarms of citizens, or, by introducing persons from without, increase it; while they act according to the rules of wisdom and justice, and use their power with a view to the general security and improvement, the city over which they rule, and which has these characteristics, may be described as the only true State. All other governments are

치술을 판별하는 척도이네. 그리고 그것이 유일하게 제대로 된 기준이네.

청년 소크라테스: 네 그렇습니다.

이방인: 같은 이야기를 정치체제에도 할 수 있네. 정치체제 중에서 다른 것들과 비교해 유일하게 제대로 된 정치체제라고 부를만한 것에서는 통치자들이 전문적인 통치술 혹은 통치 과학을 진정으로 익혀 가지고 통치하지, 단순히 그럴듯하게 보이기만 하지는 않을 것이네. 이것은 그들이 법에 따라서 통치하든 법 없이 통치하든, 자발적으로 따르는 백성을 통치하든 비자발적으로 굴복하는 백성을 통치하든, 그리고 이들 통치자들이 부자이든 가난한 자들이든 상관이 없네. 이러한 기준들은 제대로 된 정치체제를 판별하는 하등의 원칙이 될 수 없네.

청년 소크라테스: 맞습니다.

이방인: 그리고 그들이 도시국가의 이익을 위해서 몇 명의 사람을 죽이거나 추방함으로써 도시국가를 정리하든 혹은 벌떼처럼 어딘가에 식민 집단을 내보내서 규모를 줄이든, 외부의 어느 곳으로부터 사람들을 들여와서 시민으로 만들어 도시 규모를 키우든, 그들이 전문적인 지식과 정의에 따라서 도시국가를 보존하기 위해 노력하고 능력이 닿는 대로 도시국가를 과거보다 더 좋게 만든다면, 우리가 제시한 조건들과 기준들에 따라서 판단할 때 이것이야말로 유일하게 제대로 된 정치체제라고 해야 할 것이네. 우리가 통상적으로 정치체제라고 부르는 다른 모든 것들은

not genuine or real, but only imitation of this, and some of them are better and some of them are worse; the better are said to be well governed, but they are mere imitations like the others.

Y. Soc. I agree, Stranger, in the greater part of what you say; but as to their ruling without laws—the expression has a harsh sound.

Str. You have been too quick for me, Socrates; I was just going to ask you whether you objected to any of my statements. And now I see that we shall have to consider this notion of there being good government without laws.

Y. Soc. Certainly.

Str. There can be no doubt that legislation is in a manner the business of a king, and yet the best thing of all is not that the law should rule, but that a man should rule supposing him to have wisdom and royal power. Do you see why this is?

Y. Soc. Why?

Str. Because the law does not perfectly comprehend what is noblest and most just for all and therefore cannot enforce what is best. The differences of men and actions, and the endless irregular movement of human things, do not admit of any universal

진짜가 아니며 진정으로 정치체제라고 할 수도 없고 좋고 나쁜 정도의 차이는 있지만 모조품에 불과하네. 법을 준수한다고 말하는 정치체제들은 그나마 조금 더 낫지만 그래도 여전히 모조품에 불과하네. 그렇지 않은 체제는 더 형편없다네.

청년 소크라테스: 이방인님. 다른 부분들은 적절하게 말씀하신 것 같은데, 이상적인 통치가 법 없이도 가능하다는 주장은 듣는 사람이 받아들이기 어려울 것입니다.

이방인: 자네는 너무 앞서가는구나 소크라테스. 나는 내가 한 말 중에 자네가 반대하는 게 있는지 이제 막 물어볼 참이었네. 그럼 이제 우리는 법 없이 좋은 통치가 가능한지를 검토해 보아야 할 듯하네.

청년 소크라테스: 네.

이방인: 분명히 입법은 어떤 면에서는 왕의 업무일 수 있네. 하지만 모든 것 중에서 가장 좋은 것은 법이 통치하는 것이 아니라, 지혜를 가진 자가 왕권을 행사해 통치하는 것이네. 왜 그런지 알겠나?

청년 소크라테스: 왜 그런가요?

이방인: 왜냐하면 법은 모두를 위해 가장 훌륭한 것과 가장 정의로운 것을 완벽하게 담아낼 수 없고 그 결과 무엇이 가장 좋은 것인지를 규정할 수 없기 때문이네. 인간과 그들의 행동들이 서로 같지 아니하고 실제로 인간사 어느 것도 항상 불변인 채로 머무르지 않기 때문에, 항구적이

and simple rule. And no art whatsoever can lay down a rule which will last for all time.

Y. Soc. Of course not.

Str. But the law is always striving to make one;—like an obstinate and ignorant tyrant, who will not allow anything to be done contrary to his appointment, or any question to be asked —not even in sudden changes of circumstances, when something happens to be better than what he commanded for some one.

Y. Soc. Quite true.

(…)

Str. And the principle that no great number of men are able to acquire a knowledge of any art has been already admitted by us.

Y. Soc. Yes, it has.

Str. Then the royal or political art, if there be such an art, will never be attained either by the wealthy or by the other mob.

Y. Soc. Impossible.

Str. Then the nearest approach which these lower forms of government can ever make to the true government of the one scientific ruler, is to do nothing contrary to their own written laws and national customs.

Y. Soc. Very good.

면서 모든 사건들을 다루는 규칙을 만들 수 없다네. 어떠한 재주를 가지고 있더라도 그런 규칙은 만들 수 없다네.

청년 소크라테스: 물론 그럴 수 없지요.

이방인: 그러나 법은 그러한 것을 항상 만들려고 노력하는 경향이 있네. 마치 이것은 고집불통의 무지한 폭군(혹은 독재자)이 상황이 갑자기 바뀌어 전에 지시한 것이 더 이상 유효하지 않고 더 좋은 대안이 있음에도 불구하고 이미 명령했던 것에 집착해 더 이상 어떠한 이의를 제기하지 못하게 하거나 자신의 지시에 반해 어떤 행위도 못 하게 하는 것과 닮았네.

청년 소크라테스: 네 그렇습니다.

(중략)

이방인: 우리가 앞서 인정한 바에 따르면, 숫자가 얼마이든 많은 수의 사람은 어떤 식의 전문지식도 취득할 수 없다고 했지.

청년 소크라테스: 여전히 그렇다고 봅니다.

이방인: 그렇다면, 어떤 식의 통치 전문지식이 존재한다면, 수많은 부자로 이루어진 집단이든 일반 민중들이든 그러한 통치 전문지식을 결코 습득할 수 없다네.

청년 소크라테스: 당연히 불가능하지요.

이방인: 이런 식의 정치체제들이 전문지식을 가지고 제대로 통치하는 일인 지배체제를 가능한 잘 모방하려고 한다면, 이 체제들은 성문법이나 고대로부터 내려오는 풍습에 반하는 짓을 절대로 해서는 안 되네.

청년 소크라테스: 옳은 말씀입니다.

Str. When the rich imitate the true form, such a government is called aristocracy; and when they are regardless of the laws, oligarchy.

Y. Soc. True.

Str. Or again, when an individual rules according to law in imitation of him who knows, we call him a king; and if he rules according to law, we give him the same name, whether he rules with opinion or with knowledge.

Y. Soc. To be sure.

Str. And when an individual truly possessing knowledge rules, his name will surely be the same—he will be called a king; and thus the five names of governments, as they are now reckoned, become one.

Y. Soc. That is true.

Str. And when an individual ruler governs neither by law nor by custom, but following in the steps of the true man of science pretends that he can only act for the best by violating the laws, while in reality appetite and ignorance are the motives of the imita-

이방인: 모방하더라도 부자들이 모방한다면, 우리는 그 체제를 귀족정이라고 하네. 그리고 만약에 그들이 법을 완전히 무시해 모방조차 하지 않는다면 우리는 그 체제를 과두정이라고 하네.

청년 소크라테스: 네

이방인: 또한, 한 명의 개인이 전문적인 지식을 가진 자를 모방하면서 법에 따라서 통치한다면 우리는 그를 왕이라고 불러야만 할 것이네. 스스로 전문적인 지식을 가지고 통치하는 사람이나 전문적인 지식이 없지만 나름대로 의견에 기반해 법에 따라서 통치하는 사람이나 둘 다 왕이라는 이름으로 불리네. 그 둘 간에는 구분하지 않네.

청년 소크라테스: 네 그렇습니다.

이방인: 그러면, 사실 어떤 한 사람이 정말로 전문적인 지식을 가지고 통치한다면 그는 다른 이름이 아니라 똑같이 왕이라는 이름으로 불릴 것이네. 그리해 현재 정치체제로 불리는 다섯 가지 이름이 하나로 되네.[1]

청년 소크라테스: 그런 것 같습니다.

이방인: 그리고 만약에 어떤 통치자가 법이나 관습에 따라서 행동하지 않으면서 전문적인 지식을 가진 사람처럼 행동한다면, 그리해 어떤 것이 법에 어긋나더라도 최선이기 때문에 해야만 한다고 우기지만 실제로 이러한 모방행위 뒤에는 무지와 더불어 사리사욕 같은 것이 도사리고 있

---

1 마지막 문장은 문맥에 맞지 않는다. 여기서 다섯 가지란 왕정, 폭군정, 과두정, 귀족정, 민주정을 말한다.

tion, may not such an one be called a tyrant?

Y. Soc. Certainly.

(…)

Str. Then the question arises:—which of these untrue forms of government is the least oppressive to their subjects, though they are all oppressive; and which is the worst of them? Here is a consideration which is beside our present purpose, and yet having regard to the whole it seems to influence all our actions: we must examine it.

Y. Soc. Yes, we must.

Str. You may say that of the three forms, the same is at once the hardest and the easiest.

Y. Soc. What do you mean?

Str. I am speaking of the three forms of government, which I mentioned at the beginning of this discussion—monarchy, the rule of the few, and the rule of the many.

Y. Soc. True.

Str. If we divide each of these we shall have six, from which the true one may be distinguished as a seventh.

Y. Soc. How would you make the division?

Str. Monarchy divides into royalty and tyranny; the rule of the few into

다면, 우리는 그런 사람을 폭군(혹은 독재자, 참주)이라고 불러야 하지 않을까?

청년 소크라테스: 그렇지요.

(중략)

이방인: 그런데 이 잘못된 정치체제들이 모두 다 견디기 힘들더라도 그 중에서 어느 것이 지내기에 가장 덜 힘들고 어느 것이 가장 견디기 어려울까? 이 문제는 논의에서 약간 빗나가는 부차적인 문제지만 어쨌든 우리가 하는 모든 것들이 이것과 무관하지 않으니 우리는 이 문제를 잠깐 들여다봐야 하지 않을까?

청년 소크라테스: 그래야만 하겠지요.

이방인: 그렇다면, 자네가 보기에, 세 종류의 정치체제가 있다면 이 세 개 모두 똑같이 지내기가 가장 어렵기도 하고 쉽기도 할 것이네.

청년 소크라테스: 무슨 말씀이신지요?

이방인: 그러니까 내 말은 현재 논의의 초반부에 군주정, 소수에 의한 통치, 그리고 다수에 의한 통치, 이렇게 이 세 종류의 정치체제에 관해서 이야기하고 있었지.

청년 소크라테스: 그랬었지요.

이방인: 그러면 이 세 가지 정치체제를 각각 두 개로 나눠서 6개를 만들고 여기에다 제대로 된 정치체제를 이들과 분리해 일곱 번째 체제라고 해보세.

청년 소크라테스: 어떻게 그렇게 하지요?

이방인: 군주정을 왕정과 폭군정(혹은 독재정, 참주정)으로 나누고, 소수의 통치

aristocracy, which has an auspicious name, and oligarchy; and democracy or the rule of the many, which before was one, must now be divided.

Y. Soc. On what principle of division?

Str. On the same principle as before, although the name is now discovered to have a twofold meaning. For the distinction of ruling with law or without law, applies to this as well as to the rest.

Y. Soc. Yes.

Str. The division made no difference when we were looking for the perfect State, as we showed before. But now that this has been separated off, and, as we said, the others alone are left for us, the principle of law and the absence of law will bisect them all.

Y. Soc. That would seem to follow, from what has been said.

Str. Then monarchy, when bound by good prescriptions or laws, is the best of all the six, and when lawless is the most bitter and oppressive to the subject.

Y. Soc. True.

Str. The government of the few, which is intermediate between that of the one and many, is also intermediate in good and evil; but the government

체제를 상서로운 이름인 귀족정과 과두정으로 나누고, 다수의 통치체제, 즉 민주정도 전에는 단일한 것으로 보았지만 지금은 둘로 나누어야 하네.

청년 소크라테스: 어떻게 나눈다는 것인지요? 무슨 기준으로 말입니까?

이방인: 비록 이름은 둘 다 민주정으로 이중적인 의미를 지니더라도 다른 경우와 같은 기준으로 구분될 수 있네. 즉, 법에 따라서 통치하는가 아닌가 하는 기준이 여기에 적용이 되고 나머지에도 적용되네.

청년 소크라테스: 네 그렇습니다.

이방인: 우리가 앞서 보여준 바와 같이, 제대로 된 정치체제를 모색할 때는 이러한 구분은 무의미하네. 하지만 이제는 제대로 정치체제 문제를 제쳐 놓고 나머지 체제들만 남았으니, 법의 준수 여부로 이런 체제 각각을 둘로 나눌 수가 있네.

청년 소크라테스: 지금까지 말한 바대로라면 그렇게 보입니다.

이방인: 그렇다면, 군주정이 우리가 법이라고 부르는 잘 만들어진 규칙을 준수한다면 여섯 개의 정치체제 중에 제일 좋네. 만약에 그것이 법 없이 운영된다면, 지내기 가장 어렵고 억압적인 체제일 것이네.

청년 소크라테스: 아마도 그럴 테지요.

이방인: 소수의 정치체제는 일인 체제와 다수 체제의 중간에 놓여 있는데 이런 면에서 그것은 좋은 점과 나쁜 점에서도 중간에 놓여 있네. 그러나 다른 정치체제

of the many is in every respect weak and unable to do either any great good or any great evil, when compared with the others, because the offices are too minutely subdivided and too many hold them. And this therefore is the worst of all lawful governments, and the best of all lawless ones. If they are all without the restraints of law, democracy is the form in which to live is best; if they are well ordered, then this is the last which you should choose, as royalty, the first form, is the best, with the exception of the seventh, for that excels them all, and is among States what God is among men.

와 비교할 때 다수의 정치체제는 모든 면에서 취약하고 대단히 좋은 것도 대단히 나쁜 것도 할 수 없다네. 왜냐하면, 공직이 너무 미세하게 쪼개져 있고 너무 많은 자들이 그것을 수행하고 있기 때문이지. 그리해 이 체제는 모든 법치 체제 중에서 최악이며 모든 무법 체제 중에는 최선이네. 모든 체제가 법의 구속을 받지 않는다고 하면, 민주정이 살기에 가장 좋은 형태이고 만약에 모든 체제가 질서정연하게 짜여 있다면, 이 체제가 가장 덜 선호되는 체제일 것이네. 그런 경우라면, 첫 번째 정치체제, 왕정이 가장 좋을 것이네. 물론 일곱 번째 것이 이 모든 정치체제를 능가하겠지만 말이네. 이 체제는 신이 인간과 비교가 안 되는 것처럼 다른 체제와 비교가 안 될 정도로 뛰어나다.

제8장

아리스토텔레스의 『정치학』

아테네 국립고고학박물관의
아리스토텔레스 두상

출처: 편집자

아리스토텔레스가 고대 도시 Mieza에서 유년기 알렉산
드로스 대왕과 마케도니아 귀족 자제들을 가르친 학교
(School of Aristotle)의 유적지에 세워진
그의 석상

출처: 편집자

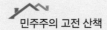
민주주의 고전 산책

"올바르게 정의하는 경우, 민주정은 자유인인 가난한 자들이 다수를 구성하고 이들이 권력을 행사할 때 존재하며 과두정은 재산이 많고 출신 신분이 뛰어난 계층이 소수로서 권력을 행사할 때 존재하게 된다(아리스토텔레스)."

아리스토텔레스(Aristotle, 384 ~ 322 BC)

아리스토텔레스는 기원전 384년 그리스 북동쪽 트라키아의 스타게이로스(Stageiros)에서 태어났다. 아버지는 마케도니아의 왕의 주치의였고, 어머니는 부유한 가문의 후손이었다. 아버지가 일찍 죽고 후견인의 손에 맡겨진 그는 17세에 아테네로 유학을 가 플라톤 아카데미에서 20년간 수학했다. 외모가 뛰어난 플라톤과 달리 눈이 작고 대머리이고 키도 작아 볼품이 없었던 그는 평소 화려한 옷을 입고 손가락에 여러 개의 반지를 끼고 다녔다고 한다. 기원전 347년 스승인 플라톤이 죽은 후 그는 외국인이라는 이유로 아카데미를 이어받지 못하자 아테네를 떠나게 된다. 이 결과 기원전 347년부터 335년까지 총 12년간 타지 생활을 했다. 이 긴 여정 중에 마케도니아 왕 필리포스 2세의 열세 살 아들 알렉산드로스를 가르치기도 했다. 쉰 살이 되는 해인 기원전 335년에 아리스토텔레스는 다시 아테네로 돌아와 자신의 학당인 뤼케이온(Lykeion)을 아테네 남쪽에 개설하고 13년간 수장으로서 지냈다. 기원전 323년 6월 알렉산드로스 대왕이 사망하자 아리스토텔레스는 정치적 이유로 또다시 아테네를 떠난다. 당시 아테네에서는 마케도니아에 대한 반감이 팽배해 집안 대대로 마케도니아와 연관이 있던 아리스토텔레스 또한 정치적 위험에 처했던 것이다. 이 때 그는 소크라테스가 죽게 된 죄목인 불경죄로 똑같이 기소 당했다. 아테네에서 도망침으로써 다행히 목숨은 건졌으나 얼마 지나지 않은 322년 10월, 그는 병으로 사망했다.

『정치학』은 그가 플라톤의 아카데미를 떠난 이후에 쓴 저작으로 정치공동체와 정치체제를 주제로 하고 있다. 이 책에 와서야 비로소 단편적인 대담 형식을 넘어서서 체계적인 정치학이 정립된다. 이 편집서에 싣고 있는 영문 번역문은 *The Politics of Aristotle*, trans. by J. E. C. Welldon(Oxford Clarendon Press, 1952)에 기초하고 있고 국문 번역은 Ernest Barker(Oxford: Clarendon Press, 1952)의 번역본을 포함해 다른 영문판들도 참조했다. 전체 영문 번역본은 Internet Archive에서 찾아볼 수 있다.

참고문헌

루퍼트 우드핀, 김태경 역. 2005. 『아리스토텔레스』. 김영사: 파주.

아리스토텔레스, 강상진 · 김재홍 · 이창우 역. 2011. 『니코마코스 윤리학』, 길: 서울.

아리스토텔레스, 천병희 역. 2009. 『정치학』. 숲: 고양.

오트프리트 회페, 주광순 역. 2019. 『우리 시대 철학자 아리스토텔레스』. 시와진실: 서울.

장 마리 장브, 김임구 역. 2004. 『학문의 정신 아리스토텔레스』. 한길사: 파주.

BOOK III, Chapter 1

In any inquiry into the nature and character of particular polities we may say that the first point to be considered is the nature of the State. At present there is often a difference of opinion, as one party asserts that it is the State which has done a certain action, and another that it is not the State but the Oligarchy or the Tyrant by whom it was governed. Also it is necessary to settle this point, as a State is the sphere in which all the activity of a statesman or legislator is displayed, and the polity itself is nothing more than a certain order of the inhabitants of the State. But as the State belongs to the category of compound things, like anything else which is a whole but composed of many parts, it is clear that we must first investigate the conception of the citizen; for the State is composed of a number of citizens. We have to inquire then to whom the title "citizen" belongs, or, in other words, what is the nature of a citizen. For the conception of the citizen as of the State is often disputed, nor is the world agreed in recognizing the same person as a citizen. Thus it often happens that one who is a citizen in a Democracy is not a citizen in an Oligarchy.

제3권 제1장

특정 정치체제(politeia)의 속성과 특징을 탐구하기 위해 첫 번째로 고려할 사항은 정치공동체 혹은 폴리스(polis)의 속성이다. 지금은 종종 의견이 나누어지는데, 한쪽은 정치공동체가 이런저런 조치를 했다고 주장하고 다른 쪽은 정치공동체가 아니라 그것을 통치하는 과두집단이나 독재자가 그렇게 했다고 말한다. 또한 정치공동체는 정치인이나 입법자의 모든 활동이 이루어지는 공간이지만 정치체제 그 자체는 정치공동체 구성원들을 엮어 놓은 특정한 틀에 불과하다. 그러나 정치공동체는 복합체의 범주에 속하기 때문에, 여러 개의 부분으로 전체를 이루는 다른 것들과 마찬가지로, 그 속성을 이해하기 위해서는 우선 그것의 구성 부분인 시민 개념을 탐구해야만 한다. 그리해, 우리는 누구를 시민이라고 부르는지 혹은 시민의 속성이 무엇인지를 조사해 봐야 한다. 왜냐하면 정치공동체 개념과 마찬가지로 시민 개념은 자주 논란거리가 되고, 똑같은 사람을 시민으로 인정하느냐를 두고서 서로 합의가 되지 않기 때문이다. 그리해 종종 민주정에서 시민인 사람이 과두정에서는 시민이 아니게 되는 경우가 있다.

Now putting out of sight persons who acquire the title of citizen in some exceptional way, e.g. honorary citizens, we may lay it down that it is not residence which constitutes a citizen, as the qualification of residence belongs equally to aliens settled in the country and to slaves. Nor again does citizenship consist simply in the participation in legal rights to the extent of being party to an action as defendant or plaintiff, for this is a qualification possessed equally by the members of different States who associate on the basis of commercial treaties. (It may be observed that in many places resident aliens are not admitted to the full enjoyment even of these legal rights, but are obliged to put themselves under the protection of a patron. It is only in a certain imperfect sense then that they are members of an association so constituted.) Such persons on the contrary are much in the same position as children who are too young to be entered upon the register of the deme or old men who are exempted from civil duties; for although these classes are to be called citizens in a certain sense, it is not in a sense quite absolute and unlimited, but with some such qualifying word as "immature" or "superannuated" or the like, it does not matter what. Our meaning at least is plain; we want a

그럼 예를 들어, 명예시민과 같이 시민권을 특이하게 획득한 사람들을 논외로 하고, 거주 여부는 시민이 되는 자격을 부여하는 기준이 아니다. 왜냐하면 거주 기준은 그 나라에 정착한 외국인에게도 적용이 되고 노예에게도 적용이 되기 때문이다. 또한 시민권은 피고나 원고로서 소송의 당사자가 되는 정도의 법적 권한을 보유하는 것도 아니다. 왜냐하면 이런 자격은 상업적인 조약으로 연합한 서로 다른 정치공동체의 구성원들도 똑같이 누리기 때문이다. 많은 곳에서 거주 외국인들은 이 정도의 법적 권한도 온전히 누리지 못하고 별도 보증인의 보호를 받아야만 한다. 그리해 이들은 오로지 불완전한 의미에서 그런 단체의 구성원일 뿐이다. 거주 외국인들은 너무 어리기에 구역(deme)의 주민등록부에 등록할 수 없는 어린이나, 시민의 의무를 수행하기에는 너무 늙어 면제된 노인들과 같은 위상에 놓여 있다. 왜냐하면 이런 부류의 사람들은 어떤 의미에서 시민이라고 불릴 수 있다고 하지만, 절대적이고 무제한적으로 그런 것은 아니기 때문이다. '미숙하다'나 '너무 노쇠하다'와 같은 표현이나 단어는 크게 중요하지 않다. 적어도 여기서 우리가 말하고자 하는 바는 명백하다. 우리는 절대적인 의미에서 시민을 정의하고자 한다. 절대적 정의는 그러한 예외 조항을 인정하여 수정이 필요하게 되면 안 된다. 시민권을 박탈당하거나 추방된 사람들에 대해서도 비슷한 문제점들을 논의할 수 있고 마찬가지로 해소될 수 있다.

definition of the citizen in the absolute sense, one to whom no such exception can be taken as makes it necessary to correct our definition. For difficulties of a similar kind may be discussed and settled respecting persons who have been disfranchised or exiled.

There is nothing whereby a citizen in the absolute sense is so well defined as by participation in judicial power and public office. But the offices of State are of two kinds. Some are determinate in point of time; thus there are certain offices which may never in any circumstances or may only after certain definite intervals be held a second time by the same person. Other officers again are perpetual, e.g. jurors and members of the public Assembly. It will be objected perhaps that jurors and members of the public Assembly are not officers of State at all and that their functions do not invest them with an official status; although it is ridiculous to deny the title of "officers" to the supreme authorities in the State. But this matter we may regard as unimportant; it is a mere question of name.

The fact is that there is no word to express rightly the common function of a juror and a member of the public

절대적인 의미에서의 시민은 재판(judicial power)과 공무직 참여를 기준으로 정의할 때 가장 잘 정의된다. 그렇지만 정치공동체의 공무직은 두 종류이다. 어떤 것은 시간상 제한이 있다. 그리해 특정 공무직은 어떤 경우에도 평생 단 한 번만 맡을 수 있거나 일정한 기간이 지나지 않는다면 또다시 맡을 수 없다. 또 다른 공무직은 반복적으로 수행 가능한데 예를 들면, 인민재판단원과 민회의 구성원이 그러하다. 어떤 이들은 이런 재판단원과 민회의 구성원들은 정치공동체의 공무 담당자가 결코 아니며, 이들의 직능은 공적 지위를 부여받지 않은 것이라고 이의를 제기할지 모른다. 하지만 정치공동체의 최고 권력 기관에 공무 담당자라는 명칭을 붙여주지 않는 것은 말이 안 된다고 본다. 그럼에도 불구하고 이 문제는 사실 중요하지 않다. 왜냐하면 그것은 단지 명칭의 문제에 불과하기 때문이다.

사실 재판단원과 민회 구성원의 공통 기능을 올바르게 칭할 수 있는 마땅한 어휘가 없을 뿐이다. 헷갈리지 않도록 하기

Assembly. Let us call it for distinction's sake a perpetual office. Citizens then we may define as those who participate in judicial and deliberative office.

(…)

Thus we see clearly the nature of the citizen. One who enjoys the privilege of participation in deliberative or judicial office—he and he only is, according to our definition, a citizen of the State in question, and a State is in general terms such a number of persons thus qualified as is sufficient for an independent life.

위해 그것을 무제한 임기직(perpetual office)이라고 일단 칭해 보자.[2] 그러면 시민은 재판업무와 심의 업무에 참여하는 자들이라고 정의할 수 있다.

(중략)

이제 우리는 시민의 성격을 분명히 파악할 수 있는데 그것은 심의나 재판 업무에 참여하는 권한을 누리는 사람이다. 우리의 정의에 따르면 오로지 그런 사람만 정치공동체의 시민이며 일반적으로 말하자면 정치공동체는 그렇게 규정된 시민들이 독립적인 생활을 영위할 수 있을 정도로 충분히 많이 모인 것이다.

---

2 Perpetual or indeterminate office는 의미상 반복 가능하다기보다도 임기가 정해져 있지 않은 혹은 영속적인 의미가 강하다. 하지만 여기서 논의의 맥락을 볼 때 그것은 특정 개인이 어떤 공무를 반복해서 다시 맡을 수 있느냐가 핵심이기에 의역해 무제한 임기직이라고 하였다. 실제로 재판단원이나 민회의 구성원은 각각 무작위와 선착순으로 선발되어 임기나 재임용 제한은 의미가 없다.

BOOK III, Chapter 6

This being determined, we have next to consider whether it is right to assume a single polity or several, and, if several, what is the nature of each, and how many there are, and what are the points of distinction between them. A polity may be defined as an order of the State in respect of its offices generally and especially of the supreme office. For the governing class is everywhere supreme in the State, and the nature of the polity is determined by the governing class. I mean e.g. that it is the commons who are supreme in a Democracy and the Few on the other hand in an Oligarchy, and accordingly we call their politics distinct. The same remark may be extended to all the rest; if the governing class is different, so is the polity.

제3권 제6장

누가 시민인가 하는 문제가 결정되었기 때문에 이제는 [이러한 시민들 간의 통치 질서를 정하는] 정치체제의 문제를 다룰 때이다. 이와 관련해, 우리는 정치체제가 하나만 존재하는지 아니면 여러 개가 존재하는지, 그리고 여러 개라면 각각의 속성이 무엇이며 몇 개인지, 그것들을 구분하는 기준이 무엇인지를 숙고해야 한다. 정치체제는 일반적으로 공직, 특히 최고의 공직 혹은 권력에 관한 정치공동체의 제도적 틀로 규정할 수 있다. 지배적 시민집단(politeuma 혹은 civic body)은 정치공동체의 모든 면에서 최고이고 정치체제의 속성은 지배적 시민집단에 의해 결정된다. 예를 들면, 민주정에서는 민중(demos)이 최고이고 과두정에서는 소수가 최고이다. 이렇기 때문에 이 두 개의 정치체제가 구분되는 것이다. 똑같은 논리를 다른 모든 체제들에도 적용할 수 있다. 그리해 지배적 시민집단이 다르면 정치체제도 다르다.

BOOK III, Chapter 7

Having now settled these points, we have next to consider the number of different polities and their nature. We will begin with the normal polities; for when they are determined the perverted forms will be evident at once. As in any State the polity and the governing class are virtually the same, i.e. the polity is determined by the governing class, as the governing class is the supreme authority in a State, and as supreme power must be vested either in an individual or in a Few or in the Many, it follows that, when the rule of the individual or the Few or the Many is exercised for the benefit of the community at large, the polities are normal, whereas the polities which subserve the private interest either of the individual or the Few or the masses are perversions; for either the members of the State do not deserve the name of citizens, or they ought to have a share in its advantages.

The form of Monarchy in which regard is paid to the interest of the community is commonly known as Kingship, and the government of the Few, although of a number exceeding one, for the good of all, as Aristocracy, whether because the rule is in the

제3권 제7장

이러한 문제들을 다루었으니, 이제는 서로 다른 정치체제들의 수와 그들의 속성을 고려할 차례이다. 먼저, 우리는 정상적인 체제부터 다룰 것이다. 왜냐하면 이런 것들이 먼저 결정되어야 왜곡된 형태의 체제가 분명해질 것이기 때문이다. 어떤 정치공동체에서든 정치체제와 지배적 시민집단은 사실상 같은 것이다. 즉, 정치체제는 지배적 시민집단이 누구인가에 의해서 결정된다. 지배적 시민집단은 정치공동체에서 최고의 권력을 지닌다. 최고 권력은 한 명이거나 소수이거나 다수에게 부여되어 있기 때문에 일인 지배나 소수 지배 혹은 다수 지배가 공동체 전체의 이익을 위해서 이루어진다면, 정치체제는 정상적이라고 해야 할 것이다. 반면에 일인이나 소수 혹은 다수의 사적인 이익을 도모하는 정치체제는 왜곡된 형태의 체제라고 해야 할 것이다. 왜냐하면 정치공동체의 구성원들은 둘 중 하나여야 하는데 그들은 시민이라 불리지 못하거나 만약에 시민이라면 공동체가 주는 이득을 공유해야 하기 때문이다.

일인 지배의 형식 중에 공동체의 이익을 도모하는 것은 흔히 왕정으로 불린다. 한 명 이상의 수로 구성된 소수의 지배가 모두의 이익을 염두에 두고 이루어진다면 그것은 귀족정으로 불린다. 이런 이름은 [귀족정은 훌륭한 자의 지배라는 의미임] 이런 지배가 가장 훌륭한 시민들의 수중

hands of the best citizens or because they exercise it for the best interests of the State and all its members; while when it is the masses who direct public affairs for the interest of the community, the government is called by the name which is common to all the polities, viz. a Polity. The result in this case is such as might have been expected. For although it is possible to find an individual or a few persons of eminent virtue, it can hardly be the case that a larger number are perfectly accomplished in every form of virtue; at the best they will be accomplished only in military virtue, as it is the only one of which the masses are capable. The consequence is that in this polity, viz. the Polity proper, the military class is supreme, and all who bear arms enjoy full political privileges.

As perverted forms of the polities just mentioned we have Tyranny by the side of Kingship, Oligarchy of Aristocracy and Democracy of Polity. For Tyranny is monarchical rule for the good of the monarch, Oligarchy the rule of a Few for the good of the wealthy, and Democracy the rule of the Many for the good of the poor; none of them subserves the interest of the community at large.

에 놓여 있기 때문에 붙여졌을 수도 있고 그들이 정치공동체와 구성원들 모두에게 최선의 이익이 되는 것을 염두에 두고 지배하기 때문에 명명되었을 수도 있다. 반면 대중(plethos)이 공동체 이익을 위해서 공무를 수행하는 체제는 모든 체제에 공통된 이름, 즉 "폴리테이아(politeia)"라고 불린다. 이런 결과는 충분히 예상할 수 있는 일이다. 왜냐하면 뛰어난 능력을 갖춘 개인이나 소수의 사람들을 발견하기는 쉽지만, 많은 수의 사람들이 모든 면에서 완벽하게 뛰어날 가능성은 거의 없기 때문이다. 고작 해봐야 이들은 단지 군사적 능력에서만 뛰어난데, 이것은 사람들이 수가 많으면 더 잘할 수 있는 유일한 능력이다. 결과적으로 이런 체제, 즉 폴리테이아에서는 군사집단이 최고 권한을 가지며, 무기를 소지한 자들은 모두 정치적 권한을 온전히 누린다.

방금 언급한 정치체제들의 왜곡된 형태로 왕정(basileia)의 경우 폭군정 혹은 독재정(tyrannis)이 있고, 귀족정은 과두정, 폴리테이아는 민주정이 있다. 독재정은 군주의 이익을 도모하는 일인정(monarchia)이며, 과두정은 부자의 이익을 추구하며, 민주정은 가난한 자의 이익을 도모한다. 이들 어떤 정치체제도 공동체 전체의 이익을 추구하지 않는다.

BOOK VI, Chapter 3

The existence of a number of polities is due to the fact that in any State there are a number of parts. For in the first place all States, as we see, are composed of households; then again the population so formed necessarily consists partly of the rich, partly of the poor and partly of the middle class, and further the rich and poor may both be subdivided into soldiers and civilians. Again, one people, as we see, is agricultural, another commercial and a third mechanical. And among the upper classes themselves there are again distinctions in respect of their wealth and the magnitude of their property. (···)

To the differences of wealth may be added differences in race or virtue or in anything else of the same kind which has been described as a part of a State in our discussion of Aristocracy, where we defined the number of parts necessary to the existence of a State, as political rights are sometimes enjoyed by all these parts and at other times by only a smaller or larger number of them. It is evident then that there must be a number of polities differing specifically from one another, as there is a specific difference between these their parts.

제6권 제3장

수많은 정치체제가 존재하는 이유는 정치공동체가 많은 부분으로 이루어져 있기 때문이다. 우선 무엇보다도 우리가 알다시피 모든 정치공동체는 가정으로 이루어져 있다. 그리고 다시 그렇게 형성된 인구의 일부는 반드시 부자들로 이루어져 있고 일부는 가난한 사람들로, 또 다른 일부는 중간계층으로 이루어져 있다. 나아가 부자와 빈자는 또다시 각각 군인과 일반 시민으로 나누어질 수 있다. 또 다르게는, 우리가 알듯이 한 부류의 사람들은 농업에 종사하며 다른 부류는 상업에, 제3의 부류는 공업에 종사한다. 그리고 상류계층 가운데에서도 그들의 부와 재산의 규모에 따라 분화가 일어난다. (중략)

부의 차등에 더해 족속이나 능력에도 차등이 존재하고 귀족정을 논의하면서 우리가 모든 정치공동체의 삶에 필요한 요소들이라고 이미 기술했던 정치공동체의 다른 집단들에서도 차등이 존재한다. 어떤 때는 이런 정치공동체의 모든 집단들이 다 같이 정치적 권한을 누리며, 다른 때는 단지 몇몇 집단만이 누리게 된다. 이러한 집단들 간에 구체적으로 차이가 존재하기 때문에 수많은 정치체제들이 서로 차이 나는 것이 분명하다.

For a polity is simply the system of the offices of State, and this is distributed by all the citizens among themselves either in virtue of the superior power of the privileged class or of some qualification common to both alike—I mean e.g. in virtue of the power of the poor in numbers or of the rich in wealth or of some power which they possess in common. It follows as a necessary consequence that there is a number of different polities equal to the number of systems dependent upon the superiorities or differences of the members of a State. But it seems that there are principally two polities, that as in the case of winds some are described as northerly, others as southerly and all the rest as perversions or variations of these, so the polities may be reduced to two viz. Democracy and Oligarchy.

For Aristocracy is reckoned as a species of Oligarchy, being regarded as in a certain sense an Oligarchy, and the so-called Polity is reckoned as a Democracy, as among winds the West wind is called a species of North wind and the East wind a species of South wind. It is much the same with harmonies according to some authorities, who reckon only two species, the Dorian and Phrygian, and describe all

왜냐하면 정치체제는 단지 정치공동체의 공직에 관한 분배체계이기 때문이다. 모든 시민들은 이 공직들을 특권계층의 탁월한 권력에 따라서 분배할 수도 있고, 아니면 양측 모두에게 공통된 어떤 기준에 따라서 분배할 수도 있다. 즉, 가난한 자에게는 수적인 우위라는 권력에 기반해 분배하거나, 부자에게는 '부'라는 권력에 근거해 분배하거나, 둘 다 공통으로 가진 어떤 권력에 따라서 분배할 수도 있다. 결과적으로, 정치공동체 구성원의 탁월함이나 차이에 따라서 공직 분배 체계의 수가 달라지게 되고 그에 따라 정치체계의 수가 다르게 된다. 그럼에도 불구하고, 마치 어떤 바람은 북풍, 다른 것은 남풍이라 하고 나머지는 모두 이들의 변형이라고 기술하는 것처럼, 정치체제도 주로 두 가지가 존재하는 것 같다. 즉, 모든 정치체제는 민주정과 과두정으로 귀속되는 것 같다.

왜냐하면 귀족정은 어떤 의미에서 과두정으로 고려되는 것처럼 그것은 과두정의 일종으로 간주될 수 있기 때문이다. 또한 이른바 폴리테이아는 민주정으로 간주할 수 있다. 이것은 마치 바람 중에 서풍은 북풍의 일종으로 불리고 동풍은 남풍의 일종으로 불리는 것과 같다. 또한 어떤 음악의 권위자들에 따르면 이런 현상은 음률에도 마찬가지로 일어나는데, 이들은 단지 두 종류의 음률, 즉 도리안 음률과 피리기안 음률만 있다고 보며, 나머지 모

the other combinations as either Dorian or Phrygian. This then is the usually accepted view of polities.

But it is not so true or good as our classification, according to which there are only two polities or even only a single polity constituted on noble principles, and all the rest are perversions of the best polity, corresponding to the variations of the well-tempered harmony in Music, the more intense and despotic polities being oligarchical and the lax and mild polities democratical.

든 조합은 이 둘 중의 하나라고만 생각한다. 바로 이러한 사고가 정치체제에 관한 통상적인 관념이다.

그러나 이러한 분류는 우리의 분류법만큼 올바르거나 제대로 된 것이 아니다. 우리는 고귀한 원칙에 기반한 단지 한두 개의 정치체제가 존재한다고 보고, 나머지 모든 체제들은 이 최선의 정치체제의 변형으로 간주한다. 이것은 음악에서 잘 조율된 음률의 변형에 견주어 볼 수 있는데, 더 긴장감이 돌고 독재적인 정치체제들은 과두정적이고, 보다 느슨하고 온유한 체제들은 민주정적이다.

BOOK VI, Chapter4

But it is not right to follow the fashion of some contemporary writers in defining Democracy without any qualification as a polity in which the masses are supreme. For it is equally the case in an Oligarchy and in any other polity whatever that the supreme power is in the hands of the greater part. Nor again may we define Oligarchy without any qualification as a polity in which the Few are supreme. For suppose that the gross population of a State amounted to thirteen hundred, of whom one thousand were rich, and that the thousand rich persons did not allow any share of rule to the three hundred poor, although they were personally free and similar to the thousand in every respect except riches; nobody would maintain that the polity of this State was democratical. Similarly suppose the case of a small number of poor persons who are yet stronger than a larger number of the rich; here again nobody would describe such a polity as an Oligarchy, if the mass of the population being rich were excluded, as they are *ex hypothesi*, from the honours of State.

It is more correct then to say that the polity is a Democracy when the supreme power is in the hands of the

제6권 제4장

그러나 몇몇 당대 저자들의 의견을 따라서 민주정을 다수 혹은 대중(plithos)이 최고 권위를 갖는 정치체제라고 무조건 정의하는 것은 올바르지 않다. 왜냐하면 과두정이나 다른 어떤 정치체제에서도 그것이 무엇이든 최고 권력은 똑같이 다수의 수중에 놓여있기 때문이다. 또한 과두정을 소수가 최고권력을 가진 체제라고 무조건 정의할 수도 없다. 가령 정치공동체의 전체 인구 1,300명 중 1천 명이 부자이고 이 1천 명의 부자들이 부유하지 못한 것만 빼면 모든 면에서 자신들과 동일한 자유인인 3백 명의 가난한 자들에게 어떠한 통치권도 허용하지 않는다고 가정해보자. 이 경우 아무도 그러한 정치체제가 민주정이라고 주장하지 않을 것이다. 마찬가지로 더 많은 수의 부자보다 힘이 센 소수의 가난한 자들이 지배하는 경우를 가정해보자. 이런 경우 인구를 구성하는 다수가 부자인데 가정한 대로 이들이 정치적 권한으로부터 배제되어 있다면 아무도 그 체제를 과두정이라고 기술하지 않을 것이다.

그리해 최고권력이 자유인인 시민들의 수중에 있으면 민주정이고 부자들의 수중에 있으면 과두정이라고 말하는 것이 더

free citizens, and an Oligarchy when it is in the hands of the rich, and that it is only an accidental circumstance that the former constitute a majority and the latter a minority of the population, as there are many free persons in the world and only a few persons of property. For on the assumption that it is the supremacy of the Few which makes an Oligarchy it would follow that, if the distribution of the offices of State among the citizens were regulated by stature, as according to some authorities is the case in Ethiopia, or by personal beauty, the polity would be an Oligarchy; for the number of beautiful or tall persons is small.

This however is evidently out of the question. But at the same time even wealth and personal freedom taken alone are not sufficient as the determining characteristics of Democracy and Oligarchy.

On the contrary, as both these polities include a variety of members, it is proper to draw a further distinction and to lay down on the one hand that the polity is not a Democracy, if a minority of simply free citizens rule a majority as e.g. at Apollonia upon the Ionian sea and at Thera, in both which

정확한 표현이다. 단지 우연의 일치로 가난한 자유인이 인구의 다수를 형성하고 부자들이 소수를 이루고 있을 뿐이다. 세상에는 자유인들은 많고 부유한 사람들은 단지 소수일 뿐이다. 최고권력이 소수에게 있는 경우 과두정이 된다는 가정을 그대로 받아들인다면, 에티오피아에서처럼 키에 따라 분배하거나 인물의 생김새에 따라 분배하는 체제는 과두정이라고 보아야 할 것이다. 왜냐하면 아름다운 자들이나 키가 큰 자들은 소수이기 때문이다.

하지만 이것은 말도 안 되는 이야기이다. 그러나 동시에 단지 부와 자유로운 신분만으로 과두정과 민주정을 결정하는 것은 충분하지 않다.

반대로 이 체제 둘 다 다양한 구성원들을 포함하고 있으므로 추가적인 구분을 할 필요가 있다. 그리하여 이오니아 해(Ionian sea)의 아폴로니아나 테라에서처럼 단지 소수의 자유인인 시민들이 다수를 지배하더라도 민주정이라고 단정할 수 없다. 이 두 나라의 시민권은 이 식민지를 처음으로 건설한 자들로서 월등한 귀족

States the civic honours were engrossed by the families which claimed a preeminent nobility as having been the original founders of the colonies, although they were numerically few and their subjects were many, and on the other hand that it is not an Oligarchy, if the rich rule solely in virtue of their numerical superiority, as was formerly the case at Colophon, where the majority of the citizens had acquired a large property before the era of the Lydian war. The truth is that a Democracy exists when the authority is in the hands of the free and poor who are in a majority, and an Oligarchy when it is in the hands of the propertied or noble class who are in a minority.

신분을 내세우는 일군의 가족들이 누리고 있는데 이들은 소수이고 그들의 피지배인들은 다수이다. 다른 한편, 과거 리디아와의 전쟁 이전에 시민의 다수가 많은 재산을 취득해 부유했던 콜로폰에서 그랬듯이 부유한 자들이 단지 수적인 우위를 내세워서 지배한다면 이를 과두정이라고 할 수 없다. 따라서 올바르게 정의하는 경우, 민주정은 자유인인 가난한 자들이 다수를 구성하고 이들이 권력을 행사할 때 존재하며 과두정은 재산이 많고 신분이 뛰어난 계층이 소수로서 권력을 행사할 때 존재하게 된다.

제 9 장

보댕의 『커먼웰스』

장 보댕 초상화

출처: Wikimedia commons

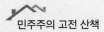

민주주의 고전 산책

"모든 군주국은 독재정이거나 왕정이거나 폭정이다. 하지만 이것들은 서로 다른 종류의 정치공동체(혹은 국가)가 아니라 다른 종류의 정부 운영 양식들이다. 중요한 것은 국가와 국가의 정부는 분명히 구분되어야 한다는 것이다. 정부는 단순히 국가의 치안을 담당하는 기구이다. 지금까지 누구도 이 문제를 이런 시각에서 다룬 적이 없다. 예를 들면, 국가는 군주국일 수 있지만 군주가 토지, 집행관 자리, 공직, 명예를 출신성분이나 재력이나 능력을 고려하지 않고 누구에게나 무차별적으로 배분한다면 주권 국가는 민주적으로 통치되는 것이다. 혹은 군주국이 귀족적으로 통치될 수 있는데 이경우 군주는 귀족이나 가장 훌륭한 자들이나 부자들에 국한해 토지와 공직을 배분해 준다. 또한 귀족국은 민주적으로 정부를 운영할 수 있는데, 이 경우 명예와 보상을 모두에게 똑같이 부여한다. 그것은 또한 귀족적으로 운영될 수도 있는데, 이런 경우 명예와 보상을 부자들과 출신성분이 좋은 자들에게만 국한해서 준다. 이렇게 정부 형태가 다양함으로 말미암아 정치를 공부하는 사람들이 정치공동체의 형태와 정부의 형태를 구분하지 못해 혼란이 초래되어 왔다(장 보댕)."

장 보댕(Jean Bodin,1529/30 ~ 1596)

　　보댕은 1530년(혹은 1529년) 프랑스 앙제(Angers)에서 7남매 중 넷째로 태어나 1596년 사망했다. 그의 아버지는 상인이자 재단사였다. 그는 매우 박식해 모르는 분야가 거의 없었으며 워낙 다양한 분야에서 활동한 탓에 직업을 어느 하나로 특정하기도 어려울 정도였다. 그는 법학, 철학, 신학, 역사학, 경제학 등을 기반으로 수학, 점성술, 천문학, 음악, 인류학까지 탐구했다. 그는 앙제의 카르멜 수도원에서 수학했지만 성직자의 생활에 관심이 없었던 탓에 16세였던 1545년에 파리로 떠난다. 그는 파리 대학이 아닌 당시 로마법으로 유명했던 프랑스 툴루즈(Toulouse) 대학에서 수학했는데 그곳에서 법학을 전공한 후 나중에 파리 고등법원 변호사가 되던 1561년까지 법제학을 가르쳤다.

　　그는 1571년부터 위그노파와 가톨릭교도 사이를 중재하는 정치파(Les Politiques)의 창시자인 알랑송 공이라는 인물의 후원을 받아 활동했다. 그는 앙리 3세의 고문으로 활동하면서 자신의 입장을 관철해 왕의 증세 요구를 좌절시키고 종교적 관용을 요구하기도 했다. 이후 1576년 『커먼웰스(Commonwealth)』를 발표했는데 이로 인해 그는 전 유럽의 주목을 받았다. 한편 같은 해 보댕은 부유한 미망인이었던 트루이야르(Trouillart)와 결혼했고, 자형의 재판소를 물려받았다. 1581년에는 알랑송 공의 고문 자격으로 영국에 갔으나 곧 알랑송 공이 사망하는 바람에 3년 만에 다시 프랑스로 돌아와 가족이 있었던 라옹에 정착했다. 이후 1596년 페스트로 사망할 때까지 라옹의 재판소에서 검찰로 활약했다.

　　『커먼웰스(Commonwealth)』의 원제목은 *Les Six Livres de la République*인데 이것을 단순히 번역하면 *Six Books of the Republic*이 된다. 하지만 영문번역은 대개 *Six Books of Commonwealth*로 번역한다. 우리말 번역은 국가론으로 하는데 이것은 플라톤의 *Republic*과 궤를 같이 하는 것이다. 여기서 국가는 국가행정조직을 의미하는 것이 아니라 최고 권력으로 연합한 정치공동체를 의미한다. 우리나라 사람들의 오해를 피하기 위해 우리말 제목으로 영어 제목인 "commonwealth"를 발음대로 사용한다. 이 책은 정치학의 핵심 개념인 주권에 관한 최초의 체계적 저술이고 민주 개념사의 시각에서는 commonwealth(국가)와 government(정부)를 구분하고 있다는 점에서 주목할 만하다. 이 편집서에서는 제1권과 제2권의 일부를 싣고 있는데, 여기서의 영문 번역문은 *SIX BOOKS OF THE COMMONWEALTH (Les Six livres de la R publique)*, trans. by M. J. Tooley (Oxford: Basil Blackwell, 1955)에 기초하고 있다. 전체 영문 번역본은 Constitition Society의 링크, https://www.constitution.org/2-Authors/bodin/bodin_.htm에서 읽어볼 수 있다.

참고문헌

장 보댕, 임승휘 역. 2005. 『국가론』. 책세상: 서울.

한스 마이어·호르스트 덴처, 주광순 역. 2008. 『정치사상의 거장들: 고대·중세편』. 시와 진실: 서울.

BOOK I
Chapter 1 The Final End of the Well-ordered Commonwealth

A COMMONWEALTH may be defined as the rightly ordered government of a number of families, and of those things which are their common concern, by a sovereign power. (⋯) Let us consider more particularly the terms of this definition. We say in the first place right ordering to distinguish a commonwealth from a band of thieves or pirates. (⋯) The law has always distinguished robbers and pirates from those who are recognized to be enemies legitimately at war, in that they are members of some commonwealth founded upon that principle of justice that brigands and pirates seek to subvert. (⋯)

[T]he ancients define a commonwealth as a society of men gathered together for the good and happy life. This definition however falls short on the one hand, and goes beyond the mark on the other. It omits the three principal elements of a commonwealth, the family, sovereign power, and that which is of common concern, while the term 'happy', as they understood it, is not essential. If it were, the good life would depend on the wind

제1권
제1장 질서정연한 커먼웰스의 최종목표

Commonwealth(국가 혹은 정치공동체)는 주권을 가지고 수많은 가족과 그들의 공동 관심사들을 정당하게(혹은 올바르게) 통치하는 것이라고 정의할 수 있다. (중략) 좀 더 구체적으로 이러한 정의를 구성하고 있는 용어들을 살펴보자. 우선 여기서 올바르게(혹은 합법적으로 내지 정당하게)라는 표현을 사용했는데, 이것은 정치공동체를 도둑이나 산적 무리들과 구분하기 위한 것이다. (중략) 법은 항상 강도와 해적을 전쟁에서 합법적 적으로 간주되는 사람들[즉, 전쟁을 일으켜 쳐들어오는 자들]과 구분해 왔는데, 전쟁에서의 적은 도적 떼와 해적과 달리 정의의 원칙을 따르는 어떤 정치공동체의 구성원들이다. (중략)

고대인들은 정치공동체를 훌륭하고 행복한 삶을 누리기 위해 모인 사람들의 모임이라고 정의한다. 하지만 이러한 정의는 한편으로는 제대로 된 정의라 하기에 부족하고 다른 한편으로는 지나친 면이 있다. 이 정의에는 정치공동체의 세 가지 주요한 요소, 즉 가족, 주권, 공동의 관심사가 빠져있다. 반면에 그들이 이해하는 의미에서 행복이라는 단어는 정치공동체를 제대로 정의하는 데에 필요 불가결한 것이 아니다. 이것은 마치 좋은 삶은 바람이 항상 기분 좋게 부는 것에 달려있다고

always blowing fair, a conclusion no right-thinking man would agree to. A commonwealth can be well-ordered and yet stricken with poverty, abandoned by its friends, beset by its enemies, and brought low by every sort of misfortune.

Chapters 2-5 Concerning the Family

A FAMILY may be defined as the right ordering of a group of persons owing obedience to a head of a household, and of those interests which are his proper concern. The second term of our definition of the commonwealth refers to the family because it is not only the true source and origin of the commonwealth, but also its principal constituent. (⋯)

Besides sovereign power there must also be something enjoyed in common such as the public domain, a public treasury, the buildings used by the whole community, the roads, walls, squares, churches, and markets, as well as the usages, laws, customs, courts, penalties, and rewards which are either shared in common or of public concern. There is no commonwealth where there is no common interest

말하는 것이나 마찬가지인데 생각이 제대로 박힌 사람이라면 이런 말에는 누구도 동의하지 않을 것이다. 정치공동체는 질서정연할 수 있지만 가난으로 점철되어 있을 수 있고 우방으로부터 버림받을 수도 있고 적국들에 둘러싸여 있을 수도 있으며 모든 종류의 불운에 직면해 있을 수도 있다.

제2장-5장 가족에 관해

가족은 가장(household head)에 복종하는 일련의 사람들과 그의 고유한 관심사들을 합당하게 지배하는 것이라고 정의할 수 있다. 정치공동체에 대한 우리의 두 번째 용어는 가족인데, 그 이유는 이것이 정치공동체의 진정한 발원지일 뿐만 아니라 그것의 주요한 구성요소이기 때문이다. (중략)

또한 [커먼웰스가 존재하기 위해서는 가족만이 아니라] 주권이 있어야 하고 또한 공동으로 향유할 수 있는 어떤 것이 존재해야만 한다. 예를 들면, 공유지, 공동 자금, 전체 공동체가 사용하는 건물, 도로, 성벽, 광장, 교회, 시장뿐만 아니라 공유하거나 공동의 관심사인 관행, 법, 관습, 법정, 벌금과 보상이 여기에 들어간다. 아무런 공동 관심사가 존재하지 않는다면 정치공동체도 존재하지 않는 것이다.

Chapters 6-7 Concerning the Citizen

WHEN the head of the family leaves the household over which he presides and joins with other heads of families in order to treat of those things which are of common interest, he ceases to be a lord and master, and becomes an equal and associate with the rest. He sets aside his private concerns to attend to public affairs. In so doing he ceases to be a master and becomes a citizen, and a citizen may be denned as a free subject dependent on the authority of another.

Chapter 8 Concerning Sovereignty

SOVEREIGNTY is that absolute and perpetual power vested in a commonwealth which in Latin is termed *majestas*. (…) The term needs careful definition, because although it is the distinguishing mark of a commonwealth, and an understanding of its nature fundamental to any treatment of politics, no jurist or political philosopher has in fact attempted to define it. (…)

A perpetual authority therefore must be understood to mean one that lasts for the lifetime of him who exercises

제6장-7장 시민에 관해

공동의 관심사들을 다루기 위해 가장 이 홀로 관할하던 가구를 떠나 다른 가장들과 연합할 때, 그는 더 이상 주인, 가장과 지배자가 아니라 다른 이들과 동등한 동료의 위치에 놓이게 된다. 그는 자신의 사적인 관심사가 아니라 공적인 사안에 관심을 가지게 된다. 그렇게 함으로써 그는 주인의 위상을 잃게 되고 시민이 된다. 시민은 다른 사람의 권위에 종속되는 자유 신분의 피지배자 혹은 복종자로 정의될 수 있다.

제8장 주권에 관해

주권은 라틴어로 majestas라고 하는데 정치공동체에 부여된 절대적이고 항구적인 권력이다. (중략) 그것은 정치공동체를 특징짓는 표식이면서, 그것의 본질에 대한 이해가 정치에 대한 어떤 논의보다 우선하기 때문에 이 용어를 세밀하게 정의할 필요가 있다. 사실 지금까지 어떤 법률 전문가나 정치철학자도 그것을 정의하려 하지 않았다. (중략)

여기서 항구적인 권위라고 함은 권위를 행사하는 사람의 일생 동안 지속되는 권위를 의미한다고 봐야 한다. 주권을 가

it. If a sovereign magistrate is given office for one year, or for any other predetermined period, and continues to exercise the authority bestowed on him after the conclusion of his term, he does so either by consent or by force and violence. If he does so by force, it is manifest tyranny. The tyrant is a true sovereign for all that. The robber's possession by violence is true and natural possession although contrary to the law, for those who were formerly in possession have been disseized. But if the magistrate continues in office by consent, he is not a sovereign prince, seeing that he only exercises power on sufferance. Still less is he a sovereign if the term of his office is not fixed, for in that case he has no more than a precarious commission.

Let us now turn to the other term of our definition and consider the force of the word *absolute*. The people or the magnates of a commonwealth can bestow simply and unconditionally upon someone of their choice a sovereign and perpetual power to dispose of their property and persons, to govern the state as he thinks fit, and to order the succession, in the same way that any proprietor, out of his liberality,

진 집행관이 1년 또는 일정 기간 동안 공직을 맡은 후 임기가 종료된 다음에 계속해서 권위를 행사하고 있다면 그것은 합의에 의하거나 혹은 강제력(혹은 무력)과 폭력에 의해서 행사하는 것이다. 만약에 그가 강제력에 의해서 그렇게 한다면 그것은 명백히 폭권 통치 혹은 폭압 정치이다. 폭정자는 그럼에도 불구하고 진정한 주권자이다. 강도가 폭력에 의해서 뭔가를 소유하는 것은 비록 법에 반하는 일이지만 진정한 소유이자 자연적인 소유임에 틀림없다. 왜냐하면 그 이전에 소유했던 자는 소유권을 박탈당했기 때문이다. 그러나 그가 합의에 의해서 계속 권좌에 남아 있다면 그는 주권자라고 보기 어렵다. 그는 단지 묵인에 의해서 자리를 지키고 있을 뿐이다. 만약에 이런 상황에서 그의 임기가 정해져 있지도 않다면 그는 더더욱 주권자가 아니다. 왜냐하면 그가 위임받은 자리는 언제든지 박탈될 수 있을 정도로 가변적인 것이기 때문이다.

이제 우리의 정의를 구성하고 있는 다른 용어로 넘어가 절대적이라는 말의 의미를 생각해 보자. 정치공동체의 인민이나 거물들은 누군가를 선택해 항구적인 최고 권력을 무조건적이고 단순하게 부여해, 자신들의 재산과 사람들을 처분할 수 있게 하고, 국가를 올바르다고 생각하는 대로 통치할 수 있게 하는 동시에 권력승계 순서를 정할 수 있게 할 수 있다. 이것은 마치 어떤 자산가가 관대해 아무런 조건 없이 자유롭게 재산을 다른 사람에게

can freely and unconditionally make a gift of his property to another. Such a form of gift, not being qualified in any way, is the only true gift, being at once unconditional and irrevocable. Gifts burdened with obligations and hedged with conditions are not true gifts. Similarly sovereign power given to a prince charged with conditions is neither properly sovereign, nor absolute, unless the conditions of appointment are only such as are inherent in the laws of God and of nature. (…)

If we insist however that absolute power means exemption from all law whatsoever, there is no prince in the world who can be regarded as sovereign, since all the princess of the earth are subject to the laws of God and of nature, and even to certain human laws common to all nations. On the other hand, it is possible for a subject who is neither a prince nor a ruler, to be exempted from all the laws, ordinances, and customs of the commonwealth. (…) But notwithstanding such exemptions from the operations of the law, the subject remains under the authority of him who exercises sovereign power, and owes him obedience. (…)

선물할 수 있는 것과 마찬가지다. 어떠한 단서조항도 없이 주는 형식의 선물이야말로 진정한 선물로 무조건적이며 번복 불가한 것이다. 의무조항이나 조건으로 제약이 따르는 선물은 진정한 선물이 아니다. 마찬가지로 조건이 붙은 채 군주에게 부여된 주권은 제대로 된 주권이 아니며 또한 절대적이지도 않다. 다만 조건이 신의 법률이나 자연의 법칙에 내재한 것만으로 된 것이라면 문제가 되지 않는다. (중략)

그러나 우리가 절대권력이 모든 법칙이나 법률의 면제를 시사한다고 주장한다면, 이 세상 어디에도 그런 주권을 가진 군주는 존재할 수 없다. 왜냐하면 이 지구상의 모든 군주들은 신의 법률과 자연의 법칙에 복종해야 하고, 심지어는 모든 나라의 국민들에게 공통으로 통하는 어떤 인간 세상의 (human) 법률에도 복종해야 하기 때문이다. 다른 한편, 군주도 아니고 통치자도 아닌 피지배자가 정치공동체의 모든 법률, 명령 및 관습에서 면제될 수도 있다. (중략) 그러나 법의 집행으로부터 면제됨에도 불구하고, 그 피지배자는 여전히 주권을 행사하는 자의 권위 아래 놓여 있는 것이며 그에게 복종의 의무를 진다. (중략)

On the other hand it is the distinguishing mark of the sovereign that he cannot in any way be subject to the commands of another, for it is he who makes law for the subject, abrogates law already made, and amends obsolete law. No one who is subject either to the law or to some other person can do this.

From all this it is clear that the principal mark of sovereign majesty and absolute power is the right to impose laws generally on all subjects regardless of their consent.

Chapter 10 The True Attributes of Sovereignty

All the other attributes and rights of sovereignty are included in this power of making and unmaking law, so that strictly speaking this is the unique attribute of sovereign power. It includes all other rights of sovereignty,

다른 한편, 주권자를 구분할 수 있는 독특한 표식은 어떤 식으로든 다른 사람의 명령에 따를 필요가 없다는 것이다. 왜냐하면, 바로 그가 피지배자를 위해서 법을 만드는 자이며 이미 만든 법을 폐기하는 자이며 또한 낡은 법을 개정하는 자이기 때문이다. 법률이나 다른 어떤 사람에게 복종해야 하는 자는 누구도 이런 것을 할 수 없다.

이 모든 것에 비추어볼 때, 주권과 절대권력의 제1의 표식은 모든 피치자들에게 동의여부와 관계없이 법을 일반적으로 강제하는 권리이다.

제10장 주권의 진정한 속성

주권의 다른 모든 속성과 권한은 법을 만들고 폐지하는 권력에 포함된다. 그리해 엄격히 말할 때, 이것이야말로 주권의 고유한 속성이다. 주권의 다른 모든 권한은 이것에 포함되어 있다.

BOOK II
Chapter 1 Of the Different Kinds of Commonwealth

Now that we have determined what sovereignty is, and have described its rights and attributes, we must consider in whom it is vested in every kind of commonwealth, in order to determine what are the various possible types of state. If sovereignty is vested in a single prince we call the state a monarchy. If all the people share in it, it is a popular state. If only a minority, it is an aristocracy.

It is desirable to be exact in the use of these terms in order to avoid the confusion which has arisen as a result of the great variety of governments, good and bad. This has misled some into distinguishing more than three kinds of commonwealth. But if one adopts the principle of distinguishing between commonwealths according to the particular virtues and vices that are characteristic of each, one is soon faced with an infinity of variations. It is a principle of all sound definition that one should pay no regard to accidental properties, which are innumerable, but confine oneself to formal and essential distinctions. Otherwise one becomes

제2권
제1장 서로 다른 종류의 커먼웰스

주권이 무엇인지에 대해 정의를 내렸고, 그것의 권한과 속성을 기술했기 때문에 이제는 어떤 종류의 국가들이 있는지를 결정하기 위해 정치공동체 종류마다 주권이 누구에게 있는지를 살펴봐야만 한다. 주권이 단지 한 명의 군주에게 부여되어 있다면 우리는 그런 국가를 군주국이라고 부른다. 모든 사람들이 주권을 공유한다면 그것은 민중 국가이다. 단지 소수만이 공유한다면 그것은 귀족 국가이다.

좋은 것이든 나쁜 것이든 엄청나게 다양한 종류의 정부가 존재한다고 인정함으로써 생기는 혼동을 피하기 위해서는 이러한 용어들을 사용할 때 정확성을 기해야만 한다. 그러한 다양성 때문에 어떤 이들은 3가지 이상의 정치공동체를 구분하는 오류를 범한다. 그러나 각 정치공동체의 좋은 점과 나쁜 점에 따라서 정치공동체를 구분하게 된다면, 정치체제는 무한정 존재하게 된다. 모든 것을 제대로 정의하기 위해 지켜야 하는 원칙은 수없이 많은 부차적인 속성을 전혀 신경 쓰지 말아야 하고 공식적이며 근본적인 구분만 따져야 한다는 것이다. 그렇지 않다면, 정확한 분석을 못해 미로에 빠지게 된다.

entangled in a labyrinth which defies exact analysis.

Since then the nature of things is not changed by their accidental properties, we conclude that there are only three types of state, or commonwealth, monarchy, aristocracy, and democracy. A state is called a monarchy when sovereignty is vested in one person, and the rest have only to obey. Democracy, or the popular state, is one in which all the people, or a majority among them, exercise sovereign power collectively. A state is an aristocracy when a minority collectively enjoy sovereign power and impose law on the rest, generally and severally. (⋯)

If sovereignty is, of its very nature, indivisible, as we have shown, how can a prince, a ruling class, and the people, all have a part in it at the same time? The first attribute of sovereignty is the power to make law binding on the subject. But in such a case who will be the subjects that obey, if they also have a share in the law-making power? And who will be the law-giver if he is also himself forced to receive it from those upon whom he has imposed it? One is forced to the conclusion that if no one in particular has the power to

사물의 본성은 부차적인 속성에 의해서 변경되는 것이 아니기 때문에, 우리는 단지 3개의 국가 혹은 세 종류의 정치공동체만 존재한다고 결론을 짓고자 한다. 어떤 국가는 군주국이라고 불리는데 이때는 주권이 한 명에게 부여되어 있고 나머지 사람들은 모두 그에게 복종하기만 하면 된다. 민주국 혹은 민중 국가는 모든 사람들 혹은 그들 중 다수가 주권을 공동으로 행사하는 것이다. 귀족 국가의 경우 소수가 공동으로 주권을 누리고 나머지 사람들에게 일반적으로나 개별적으로 법을 강요한다. (중략)

만약에 우리가 본 바와 같이 주권의 본질적 속성으로 인해 서로 나눠 가질 수 없다면, 어떻게 군주, 지배계층과 인민이 동시에 주권에 대한 권한을 모두 가질 수 있는가? 주권의 첫 번째 속성은 피치자에 구속력이 있는 법을 만드는 것이다. 그러나 그렇게 그들 모두가 입법권을 나눠 가지고 있다면 누가 복종을 하는 피치자인가? 만약에 어떤 이가 다른 이한테 법을 강제로 적용해야 하는데, 본인이 반대로 그한테서 강제로 법의 적용을 받아야만 하게 된다면 누가 도대체 법을 만드는 자인가? 그리해 법을 만드는 권력이 특정인에게 있지 않고 모두에게 무차별적으로 부여되

make law, but it belongs to all indifferently, then the commonwealth is a popular state. If power is given to the people to make law, and appoint to office, but all other powers are denied them, it must nevertheless be recognized that these other powers, vested in officials, really belong to the people, and are only entrusted by them to the magistrates. The people, having instituted the latter, can also deprive them, and the state therefore remains a popular one. (…)

But, someone may say, could you not have a commonwealth where the people appointed to office, controlled the expenditure of the revenue and had the right of pardon, which are three of the attributes of sovereignty; where the nobles made laws, determined peace and war, and levied taxes, which are also attributes of sovereignty; and where there was a supreme magistrate set over all the rest, to whom liege-homage was due by all the people severally and collectively, and who was the final and absolute resort of justice. Would not such arrangements involve a division of sovereign rights, and imply a composite commonwealth which was at once monarchical, aris-

어 있다면, 정치공동체는 민중 국가이다. 만약에 법을 만들고 공직을 임명하는 권한을 인민에게 부여하고 다른 모든 권한이 부여되지 않는다고 할지라도 이 모든 다른 권한도 역시 실제로는 인민에게 속하는 것으로 인정되어야 한다. 비록 이 다른 권한들이 공무원들에 부여되어 있다고 하더라도 이것은 단지 인민에 의해서 그들에게 위임되어 있는 것뿐이다. 공무 집행자들을 정한 인민은 그들의 권한을 박탈할 수 있다. 그렇기 때문에 이런 국가는 여전히 민중 국가로 보아야 하는 것이다. (중략)

그러나 이에 대한 반론으로 인민은 주권의 속성 중 세 가지, 즉, 공직을 임명하고 세수의 지출을 통제하며 사면권을 가지고 있었고, 귀족들은 또 다른 주권의 속성인 법을 제정하고 전쟁의 시작과 종료를 결정하며 세금을 부과했고, 최고 집행관은 나머지 모든 사항들에 관해 군림하며 집단적으로나 개별적으로 모든 인민들의 충성(liege-homage)을 받으며 또한 사법적 판단의 최종적이며 절대적인 종결자였던 정치공동체가 있었던 적이 있다고 주장할 수 있다. 그러한 제도적 장치들은 주권의 분할을 의미하는 것이고 군주적이며 귀족적이며 동시에 민중적인 혼합 정치공동체를 시사하는 것이 아닌가? 단언컨대, 주권의 속성들은 서로 나눠지기 불가능하다는 사실을 감안하면 그러한 정치체제는 절대 존재했을 수가 없고 앞으로

tocratic and popular? I would reply that none such has ever existed, and could never exist or even be clearly imagined, seeing that the attributes of sovereignty are indivisible.

Chapter 2 Concerning Despotic Monarchy

ALL monarchies are either despotic, royal, or tyrannical. These however are not different species of commonwealth, but different modes of operation in their governments. It is important that a clear distinction be made between the form of the state, and the form of the government, which is merely the machinery of policing the state, though no one has yet considered it in that light. To illustrate, a state may be a monarchy, but it is governed democratically if the prince distributes lands, magistracies, offices, and honours indifferently to all, without regard to the claims of either birth or wealth or virtue. Or a monarchy can be governed aristocratically when the prince confines the distribution of lands and offices to the nobles, the most worthy, or the rich, as the case may be. Again, an aristocracy can conduct its government democratically if it bestows honors and rewards on all alike, or aristocratically if it reserves them for the rich

존재할 수도 없으며 심지어 상상조차 하기 어렵다.

제2장 독재적 군주 국가에 관해

모든 군주국은 독재정이거나 왕정이거나 폭정이다. 하지만 이것들은 서로 다른 종류의 정치공동체가 아니라 다른 종류의 정부 운영 양식들이다. 중요한 것은 국가와 국가의 정부는 분명히 구분되어야 한다는 것이다. 정부는 단순히 국가의 치안을 담당하는 기구이다. 지금까지 누구도 이 문제를 이런 시각에서 다룬 적이 없다. 예를 들면, 국가는 군주국일 수 있지만 군주가 토지, 집행관 자리, 공직, 명예를 출신성분이나 재력이나 능력을 고려하지 않고 누구에게나 무차별적으로 배분한다면 주권 국가는 민주적으로 통치되는 것이다. 혹은 군주국이 귀족적으로 통치될 수 있는데 이 경우 군주는 귀족이나 가장 훌륭한 자들이나 부자들에 국한해 토지와 공직을 배분해 준다. 또한 귀족국은 민주적으로 정부를 운영할 수 있는데, 이 경우 명예와 보상을 모두에게 똑같이 부여한다. 그것은 또한 귀족적으로 운영될 수도 있는데, 이런 경우 명예와 보상을 부자들과 출신성분이 좋은 자들에게만 국한해서 준다. 이렇게 정부 형태가 다양함으로 말미암아 정치를 공부하는 사람들이 정치공동체의 형태와 정부의 형태를 구분

and nobly born. This variety in forms of government has misled those who have written confusedly about politics, through failure to distinguish the form of the commonwealth from the form of the government.

Royal, or legitimate, monarchy is one in which the subject obeys the laws of the prince, the prince in his turn obeys the laws of God, and natural liberty and the natural right to property is secured to all. Despotic monarchy is one in which the prince is lord and master of both the possessions and the persons of his subjects by right of conquest in a just war; he governs his subjects as absolutely as the head of a household governs his slaves. Tyrannical monarchy is one in which the laws of nature are set at naught, free subjects oppressed as if they were slaves, and their property treated as if it belonged to the tyrant. Exactly the same diversity is to be found in aristocracies and popular states, for each in its turn can be either legitimate, despotic, or tyrannical in the way I have described.

하지 못해 혼란이 초래되어 왔다.

합법적인 군주국이거나 왕정의 군주국에서는 피치자가 군주의 법에 복종하고 군주는 신의 법률에 복종하며, 자연적인 자유와 재산에 대한 자연권은 모두에게 보장된다. 독재적인 군주국은 군주가 정당한 전쟁을 통해 정복한 피통치자들의 소유물과 인격 모두에 대해서 주인과 지배자로서 군림한다. 가정에서 가장이 자신의 노예를 다스리는 것과 마찬가지로, 이런 군주는 자신의 피치자들을 절대적으로 통치한다. 폭군적인 군주국에서는 자연의 법률이 전혀 작동하지 않으며, 자유로운 신분의 피치자들도 마치 노예처럼 억압받고 그들의 개인 재산도 마치 폭군에게 속한 것처럼 다루어진다. 마찬가지로 귀족국과 민중 국가에도 이러한 다양성이 똑같이 있을 수 있다. 왜냐하면 이 귀족국이나 민중 국가도 내가 묘사한 방식대로 합법적일 수도 있고 독재적일 수도 있고 폭정적일 수도 있기 때문이다.

Chapter 6 Concerning the Aristocratic State

ARISTOCRACY is that form of commonwealth in which the minority of the citizens have sovereign authority over the rest considered collectively, and over every citizen considered individually. It is therefore the opposite of the popular state, for there the majority of the citizens command the remainder considered collectively. But they resemble one another in this, that in either commonwealth the governing body has authority over the whole body of citizens only in their individual capacity, and not considered as a corporate whole. The monarchical commonwealth excels the other two in this respect, since the authority of the king extends over all, both in their aspect of a corporate whole, and in their aspect of a collection of individuals.

Just as monarchy can be royal, despotic or tyrannical, so aristocracy can be legitimate, despotic or factious. (…)

[W]hether the government is in the hands of men of birth, of merit, of wealth, a military caste, the poor, the workers, or a set of scoundrels, provided it is a minority that rules, that state I call an aristocracy. When I say

제6장 귀족 국가에 관해

귀족국은 시민 중 소수가 나머지 시민들 전체에 대해서 집단적으로 주권을 행사하면서 개개인의 시민에게도 개별적으로 주권을 행사하는 국가형태이다. 그리해 그것은 민중 국가의 정반대에 해당한다. 왜냐하면 민중 국가에서는 시민들 중 다수가 나머지를 집단적으로 지배하기 때문이다. 그러나 이 둘은 공통점이 있는데, 어느 것이든 지배집단이 시민 개개인을 대상으로 해서는 시민 모두에게 권위를 행사하고, 이 시민 집단 전체를 하나의 대상으로 해서는 권위를 행사하지 못한다. 군주국은 이런 면에서 다른 두 개의 국가 형태보다 뛰어나다. 왜냐하면 왕의 권위는 모든 자들에게 미치는데, 이것은 이들이 하나의 단체로 고려될 때도 그러하며 개개인의 집합이라는 측면에서도 그러하기 때문이다.

군주국이 왕정이나 독재정이나 폭정일 수 있듯이, 귀족국도 역시 합법적이거나 독재적이거나 파당적일 수 있다. (중략)

정부를 장악한 자들이 출신이 좋거나 능력이 있거나 부유한 사람이거나 군부집단이거나 가난한 사람이거나 노동자이거나 깡패 집단이든 아니든, 단지 소수가 통치한다면, 그 국가는 귀족국이라고 불러야 한다. 여기서 내가 시민의 소수라고 함

the minority of the citizens, I mean the greater number of that minority when assembled together as a corporate body. If there are ten thousand citizens of whom one hundred gentlemen only share sovereign power, if sixty of those are in agreement, they have an absolute right of command over the remaining nine thousand nine hundred citizens in general, who have no part in government, as well as those other forty who have. In other words the sixty have sovereign authority over all the ten thousand citizens considered as individuals, just as much as the hundred considered as a corporate body would have had, had they been in agreement. Neither the size of the state nor the proportion of the minority ruling class to the rest is significant. If there are a hundred thousand citizens and ten thousand of them participate in sovereignty the state is no less an aristocracy than if there are ten thousand citizens of whom one thousand govern the rest. In each case a tenth part governs. The same is true if it is only a hundredth or a thousandth part. But the smaller the governing minority, the stronger and more secure the state.

은 실제로는 하나의 단체로서 모인 그 소수의 사람들 중에서는 다수를 의미한다. 예를 들어, 1만 명의 시민이 있고 그 중에 100명의 남자만이 주권을 공유하는 경우 이들 중 60명이 의견의 일치를 본다면, 이들 60명이 정부에 전혀 권한이 없는 나머지 9,900명의 시민 일반에 대해서 절대적인 명령권을 가질 뿐만 아니라 권한을 가지고 있는 나머지 40명에 대해서도 그러하다. 다른 식으로 말하면, 이 60명은 모든 1만 명의 시민 개개인에 대해서 개별적으로 주권을 행사한다고 할 수 있다. 이와 마찬가지로 이들 100명이 의견의 일치를 보았더라면 이들 100명도 하나의 단체로서 주권을 가지고 1만 명 시민 개개인을 통치한다고 말할 수 있을 것이다. 국가의 규모나 소수 지배계층의 전체 시민 대비 비중은 중요한 것이 아니다. 10만 명의 시민이 있고 이 중 1만 명이 주권에 참여한다고 해도 귀족 국가이다. 이것은 1만 명의 시민이 있고 이 중 1천 명이 지배한다고 할 때 귀족 국가인 것과 마찬가지이다. 어느 경우에나 10분의 1이 통치한다. 이것은 단지 100분의 1이나 1,000분의 1이 통치한다고 해도 마찬가지이다. 그러나 지배하는 소수가 적을수록 국가는 더 강하고 더 안전하다.

Chapter 7 Concerning Popular States

A POPULAR state is that form of commonwealth in which the majority of the people have collectively sovereign authority over the rest considered collectively, and over each several member considered individually. It is the necessary mark of the popular state that the greater part of the people have authority to command not only each particular citizen as such, but the minority of the people as a body. If there are thirty-five clans, or groupings of the people, as in Rome, eighteen of them have sovereign power over the other seventeen and can bind them by the laws they make. (⋯)

When I say that the majority of the people are invested with sovereign power in a popular state, this holds good when votes are counted by head as in Venice, Ragusa, Lucca, Genoa, and practically all aristocratic republics.

But if one counts votes by clans, or districts, or communities, it suffices that the majority of clans, districts, or communities as the case may be, are agreed, even if the majority so determined includes only a minority of the actual number of citizens. This was

제7장 민중 국가에 관해

민중 국가는 인민 중 다수가 집단적으로 나머지 전부의 집단과 모든 개개인 구성원에 대해서 주권을 행사하는 국가 형태이다. 민중 국가를 확인하는 필수적인 표식은 인민 중 다수를 차지하는 쪽이 시민 개개인 모두를 다스릴 뿐만 아니라 인민 중 소수를 하나의 집단으로서 지배하는 권한을 가지고 있는 것이다. 로마에서처럼 인민들 가운데 35개의 부족이나 모임이 있다면, 이들 중 18개가 나머지 17개에 대해서 주권을 가지고 자신들이 만드는 법으로 구속할 수 있다. (중략)

여기서 내가 민중 국가에서 인민의 다수가 주권을 가지고 있다고 말할 때, 이것은 베니스, 라구사, 루까, 제노아 그리고 거의 모든 귀족 국에서처럼 의결하는 표를 개개인의 머릿수로 셀 때 적용할 수 있는 말이다.

그러나 만일 표를 부족, 구역, 혹은 공동체 단위로 센다고 해도, 부족들이나 구역들 혹은 공동체들의 다수가 의견의 일치를 보는 것이라면 충분하다. 이것은 비록 그렇게 결정된 다수가 실제 시민 중에서 소수만을 포함하더라도 상관없다. 이것은 고대 민중 국가에서 사실상 항상 있

practically always the arrangement in the popular republics of the ancient world. (…)

These arrangements provide the answer to those who say that there cannot be, never was, nor ever could be a truly popular state where the whole assembled people make law, appoint to office, and exercise all the prerogatives of sovereignty, seeing that the greater number are generally absent, and it is only a small group that actually makes the law. But it suffices if the greater number of clans are agreed, even if there are only fifty people in one and a thousand in another, provided that the right of recording his vote is secured to each individual, should he wish to be present. But in order to prevent a faction securing the ascendancy by intriguing with the most influential members of the various clans, it was customary when some law of importance was under discussion to add some clause, such as that the law about to be published could not be rescinded save by the assembly of the whole people, six thousand citizens at least being present.

었던 관례이다. (중략)

대다수가 대체로 불참하고 단지 소수의 사람들만이 실제로 법을 만들기 때문에 전체 인민이 모인 회의에서 법을 제정하고 공직을 임명하고 주권의 모든 권한을 행사하는 진정한 민중 국가는 존재할 수도 없고 존재하지 않았고 또 절대로 그렇게 될 수도 없다고 말하는 사람들이 있다. 하지만 이러한 주장은 집단을 단위로 한 표결 방식을 가지고 반박할 수 있다. 어떤 개인이든 원한다면 참석해 자기 표를 어김없이 행사할 권리를 가지고 있다면, 비록 한 부족에 단지 50명이 있고 다른 부족에 1,000명이 있다고 할지라도 개인이 아니라 부족의 대다수가 합의를 보는 것으로 충분하다. 그러나 여러 부족에서 가장 영향력 있는 구성원들과 공모해 득세하려는 부류들을 막기 위해 중요한 법은 토론 과정에서 단서조항을 첨가하는 것이 관행적이었다. 예를 들면, 공포될 예정인 어떤 중요한 법이 전체 인민의 집회, 적어도 6,000 명이 참석하는 전체 인민의 집회가 아니라면 폐기될 수 없도록 하는 것이 그런 경우에 해당한다.

제
10
장

홉스의 『리바이어던』

89세의 토마스 홉스

출처: Wikimedia commons

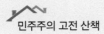

민주주의 고전 산책

"정치공동체의 차이는 주권자, 즉 군중 혹은 무리(the multitude)를 형성하고 있는 모든 이와 각 개개인을 대표하는 인격체의 차이에 있다. 주권은 한 명의 사람이나 한 명 이상의 사람으로 구성된 회합체에 있고 이 회합체에는 모든 이가 참가할 권리를 가지고 있거나 모든 이가 아니라 나머지 다른 사람들과 구분되는 특정의 사람들만 참가할 수 있기 때문에 정치공동체는 단지 3가지만 존재할수 있다. 왜냐하면 대표자는 단지 한 명이거나 더 많아야만 하며 그것이 한 명을 넘을 때는 모든 사람들의 회합체이거나 일부 사람들의 회합체이어야만 하기 때문이다. 대표자가 일인일 경우 그 정치공동체는 군주정이며 모든 사람들이 함께 하는 회합체인 경우 그것은 민주정 혹은 민중 정치공동체이다. 일부만의 회합체일 경우 그것은 귀족정이라고 한다. 다른 종류의 정치공동체는 전혀 존재할 수가 없다(토마스 홉스)."

토마스 홉스(Thomas Hobbes, 1588~1679)

홉스는 1588년 윌트셔 주 맘스베리의 외곽에 있는 웨스트포트 마을에서 세 남매 중 둘째로 태어났다. 그는 아버지의 이름 토머스를 물려받았다. 아버지는 글을 읽거나 쓸 줄 모르고 단순히 외워서만 설교할 줄 아는 목사였는데, 1603년 그가 한창 옥스퍼드 대학에 다니고 있을 무렵, 다른 목사로부터 명예훼손으로 고소당해 법정에 소환되었다. 하지만 그의 아버지는 법정에 출두하지 않고 직접 그 목사를 찾아가 욕을 퍼붓고 폭력을 행사한 후 도망쳐버렸다. 이후 홉스는 성공한 장갑 상인이자 맘스베리 자치 마을의 대표였던 삼촌의 도움을 받아 생활했다. 그는 91세까지 살았는데 이것은 당시 평균 수명을 고려할 때 아주 장수한 것이었다. 그는 머리카락이 까만 색이어서 별명이 까마귀였지만 나이를 먹고서는 이마가 벗겨졌고 남은 머리도 백발로 변했다(앞의 89세 홉스 사진 참조).

그는 네 살부터 여덟 살까지 고향인 웨스트포트에서 학교를 다니면서 읽기와 산수를 배우고 그 후 맘스베리 학교에 진학했다. 1602년 혹은 1603년 비교적 어린 나이에 옥스퍼드대학의 기숙형 문법 학교인 모들린 홀에 진학해서 1608년 2월에 졸업했다. 졸업 후 그는 학장의 추천을 받아 캐번디시 가문의 윌리엄 남작(추후 데번셔 백작)의 아들 가정교사로 채용되었다. 나중에 이 아들이 제2대 백작이 된 후 그의 아들 교육도 담당했다. 그리해 그는 통합하여 무려 20년간 캐번디시가에서 일했다.

한편 당대 유럽의 귀족 자제들에게 필수 코스였던 것은 후대에 그랜드 투어(Grand Tour)라고 불리게 되는 유럽 일주였다. 이때 가정교사도 함께 가는 것이 보통인데, 홉스도 총 세 번 그랜드 투어에 동행했다. 두 번은 캐번디시가와 하고, 다른 한 번은 제2대 데번셔 백작이 사망한 후 그가 일했던 거베이스 클리프던 경의 집과 했다. 홉스는 이를 통해 파리, 리옹, 베네치아, 로마, 피렌체 등을 방문하고 대륙의 정치인과 지식인을 만날 수 있었다.

그가 중년에 접어들었던 1640년에 왕당파와 의회파 간 내전이 발발했다. 마침 이 시기에 절대왕정을 옹호하는 책인 『법의 원리』를 쓴 그는 의회파를 피해 프랑스로 도피해 1651년까지 망명생활을 했다. 그는 이 기간 파리에서 1630년대 후반부터 기획 중이던 『철학의 기초』 3부를 라틴어로 출판하기 위한 작업에 몰두했다.

한편 홉스에게 '맘스베리의 야수'라는 별명을 가져다 준 『리바이어던』은 그가 1652년 2월 고국으로 돌아오기 전인 1651년 4월 영국의 한 출판사를 통해 출판되었다. 이 책은 자연인 개개인이 어떻게 정치공동체 혹은 주권을 만들게 되는가에 초점을 맞추고 있다. 그는 주권을 가진 인위적인 인격체가 누구냐에 따라서 정치공동체의 종류를 나누고 있고 주권의 행사 방식이나 합목적성에는 관심을 두지 않는다. 이 편집서에는 인간에 관한 1부와 정치공동체에

관한 2부의 일부를 싣고 있는데, 여기서의 영문은 *The English Works of Thomas Hobbes of Malmesbury*, vol. 3, edited by Sir William Molesworth, Bart.(London: Bohn, 1839) 에 기초하고 있다. 전체 영문본은 The Online Library of Liberty(https://oll.libertyfund. org/)에서 찾아볼 수 있다.

참고문헌

리처드 턱, 조무원 역. 2020.『홉스』. 교유서가: 파주.

엘로이시어스 마티니치, 진석용 역. 2020.『홉스: 리바이어던의 탄생』. 교양인: 서울.

PART I. OF MAN
Chapter 16 Of Persons, Authors and Things Personated
A Person what.

A PERSON, is he, *whose words or actions are considered, either as his own, or as representing the words or actions of another man, or of any other thing, to whom they are attributed, whether truly or by fiction.*

Person natural, and artificial.

When they are considered as his own, then is he called a *natural person*: and when they are considered as representing the words and actions of another, then is he a *feigned* or *artificial person*.

Actor, author, authority.

Of persons artificial, some have their words and actions *owned* by those whom they represent. And then the person is the *actor*; and he that owns his words and actions, is the AUTHOR: in which case the actor acts by authority. For that which in speaking of goods and possessions, is called an *owner*, and in Latin *dominus*, in Greek κύριος; speaking of actions, is called author. And as the right of possession, is called

제1부 인간
제16장 인격체, 작자 그리고 인격화된 사물
인격체란 무엇인가

인격체는 말이나 행위를 할 때, 그것이 그 자신의 것으로 간주되거나, 실제로나 가상적으로 귀속되는 다른 사람이나 다른 어떤 것의 말이나 행위를 대신하는 것으로 간주되는 사람이다.

자연적 인격체와 인위적인 인격체

말이나 행위가 그 자신의 것으로 간주될 때 우리는 그를 자연적인 인격체라고 하고, 그것이 다른 이의 말이나 행위를 대신한다고 생각될 때, 그는 인위적으로 만들어진 인격체라고 한다.

행위자, 작자, 권위

인위적인 인격체 중 어떤 이들이 말이나 행위를 할 때 그 행위나 말은 그들의 것이 아니라 그들이 대변하는 사람들이 소유한 것이 된다. 이런 경우 그 인격체는 행위자 혹은 연기자가 되며 그의 말이나 행위를 소유한 자는 작자(author)가 된다. 여기서 행위자는 주인의 권위(authority)를 받아서 행동하게 된다. 재화나 소유물을 소유한 자를 이야기할 때 우리는 소유자(owner), 라틴어로 도미누스(Dominus), 그리스어로 쿠리오스(Kurios)라고 하는 데

dominion; so the right of doing any action, is called AUTHORITY. So that by authority, is always understood a right of doing any act; and *done by authority*, done by commission, or license from him whose right it is.

Covenants by authority, bind the author.

From hence it follows, that when the actor makes a covenant by authority, he binds thereby the author, no less than if he had made it himself; and no less subjects him to all the consequences of the same. And therefore all that hath been said formerly, (Chap. 14) of the nature of covenants between man and man in their natural capacity, is true also when they are made by their actors, representers, or procurators, that have authority from them, so far forth as is in their commission, but no further.

And therefore he that makes a covenant with the actor, or representer, not knowing the authority he hath, doth it at his own peril. For no man is obliged by a covenant, whereof he is not au-

반해 행위를 소유한 자에 관해서 이야기할 때는 우리는 작자라고 한다. 물건을 소유하는 권리를 우리는 지배권 혹은 도미니언(dominion)이라고 하는 반면에 어떠한 행위를 할 수 있는 권리는 권위라고 부른다. 그리해 권위라고 할 때는 항상 어떠한 행위를 할 수 있는 권리를 의미하는 것으로 이해된다. 권위에 의해서 수행되었다고 할 때 그것은 그런 권리를 가지고 있는 자로부터 위임이나 허가를 받아서 수행된 것을 의미한다.

권위에 의한 계약은 작자를 구속한다

결과적으로, 행위자가 권위에 의해 협약을 맺을 때, 작자는 자신이 협약을 맺은 것이나 마찬가지로 협약에 의해서 얽매이게 되며 그로 인해 생기는 모든 결과에도 구속된다. 그리해 앞(14장)에서 사람과 사람이 자연상태의 권한으로 서로 맺은 협약의 속성에 관해서 이미 말한 모든 것은 또한 그들의 행위자, 대표자, 혹은 대리인들이 그들로부터 권위를 받아서 맺은 협약에 대해서도 그들이 위임한 범위 내에서, 그리고 오로지 그 정도에 국한해서만, 마찬가지로 적용이 된다.

그리해 행위자나 대표자와 협약을 맺을 때 그가 가진 권위를 확인하지 않고서 그렇게 한 사람이 있다면 그는 스스로 위험부담을 안고 한 것이다. 왜냐하면 어느 누구도 자신을 작자로 하지 않는 협약에 얽

thor; nor consequently by a covenant made against, or beside the authority he gave.

But not the actor.

When the actor doth anything against the law of nature by command of the author, if he be obliged by former covenant to obey him, not he, but the author breaks the law of nature; for though the action be against the law of nature; yet it is not his: but contrarily, to refuse to do it, is against the law of nature, that forbids breach of covenant.

A multitude of men, how one person.

A multitude of men, are made *one* person, when they are by one man, or one person, represented; so that it be done with the consent of every one of that multitude in particular. For it is the *unity* of the representer, not the unity of the represented, that makes the person *one*. And it is the representer that bears the person, and but one person: and *unity*, cannot otherwise be understood in multitude.

Every one is author.

And because the multitude naturally is not *one*, but *many*; they cannot be

매이지 않으며 자신이 부여한 권위에 위배되거나 그런 권위를 벗어나 맺은 협약에 결과적으로 구속되지 않기 때문이다.

그러나 행위자를 구속하지 않는다

행위자가 먼저 맺은 협약에 의해 어쩔 수 없이 작자의 명령에 따라 자연권에 반하는 짓을 하게 된다면, 그가 아니라 작자가 자연법을 위반한 것이 된다. 왜냐하면 행위가 자연법에 반하더라도 그것은 그의 짓이 아니다. 반대로 오히려 그렇게 하는 것을 거부하는 것은 협약의 파기를 금지하는 자연법을 위반하는 것이다.

한 무리의 사람들이 어떻게 하나의 인격체가 되나?

한 무리의 사람들이 하나의 인격체가 될 수 있는데 그것은 그들이 단 한 명의 사람이나 인격체에 의해서 대표될 때 그러하다. 이것은 특히 그 무리에 속한 모든 개개인의 동의를 통해 그렇게 되는 것이다. 대표되는 자들의 단일성이 아니라, 대표하는 자의 단일성으로 인해 인격체는 하나가 된다. 다른 이가 아니라 바로 대표자가 그 인격, 그것도 단지 하나의 인격을 지니게 된다. 다른 식으로는 무리의 단일성을 이해하기 어렵다.

모든 이가 작자이다

무리는 자연적으로 하나가 아니라 여럿이기 때문에 그들은 자신들의 이름으로 대

understood for one; but many authors, of every thing their representative says, or does in their name; every man giving their common represener, authority from himself in particular; and owning all the actions the represener doth, in case they give him authority without stint: otherwise, when they limit him in what, and how far he shall represent them, none of them owns more than they gave him commission to act.

An actor may be many men made one by plurality of voices.

And if the representative consist of many men, the voice of the greater number, must be considered as the voice of them all. For if the lesser number pronounce, for example, in the affirmative, and the greater in the negative, there will be negatives more than enough to destroy the affirmatives; and thereby the excess of negatives, standing uncontradicted, are the only voice the representative hath.

표자가 하거나 약속하는 모든 것들에 대해 하나의 작자로 간주될 수 없고 여러 명의 작자로 간주된다. 모든 사람들 각자가 공동의 대표자에게 자신의 권위를 부여하고 이 대표자가 하는 모든 행위들을 소유하게 되는데 이것은 그들이 그에게 권위를 조건 없이 부여할 때 그러하다. 그렇지 않고 그들이 그에게 무엇을 대표하고 얼마나 대표할지를 제한한다면, 그들 중 어느 누구도 그에게 행위하도록 권한을 위임한 것보다 더 많이 소유한 것이 아니다.

행위자는 다수결로 단일화된 많은 사람들일 수 있다

대표자가 많은 사람들로 구성되어 있다면, 더 많은 수의 목소리가 그들 모두의 목소리로 간주되어야만 한다. 왜냐하면, 예를 들어, 적은 쪽이 찬성을 외치고 많은 쪽이 반대를 외치면 찬성을 압도하고도 남는 반대가 있을 것이다. 그렇게 상호모순적이지 않은 초과 수만큼의 반대가 대표자가 가진 유일한 발언권이 된다.

PART II. OF COMMONWEALTH

Chapter 17 Of the Causes, Generation, and Definition of a Commonwealth

The end of commonwealth, particular security.

THE final cause, end, or design of men, who naturally love liberty, and dominion over others, in the introduction of that restraint upon themselves, in which we see them live in commonwealths, is the foresight of their own preservation, and of a more contented life thereby; that is to say, of getting themselves out from that miserable condition of war, which is necessarily consequent, as hath been shown in chapter 13, to the natural passions of men, when there is no visible power to keep them in awe, and tie them by fear of punishment to the performance of their covenants, and observation of those laws of nature set down in the fourteenth and fifteenth chapters.

Which is not to be had from the law of nature.

For the laws of nature, as justice, equity, modesty, mercy, and, in sum, doing to others, as we would be done to, of themselves, without the terror of some power, to cause them to be

제2부 정치공동체

제17장 정치공동체의 원인, 발생 그리고 정의

정치공동체의 목표, 특히 안보

다른 사람에 대한 지배와 자유를 자연적으로 즐기는 사람들이, 우리가 정치공동체에서 보듯이, 자신들에 대한 제어를 도입하는 최종적인 원인, 목표, 혹은 의도는 자기 자신을 보존하고 그로 인해 보다 만족스러운 삶을 누리고 싶었기 때문이다. 즉, 그를 통해 그들은 처참한 전쟁상태로부터 자신을 구해 내고 싶었기 때문이다. 이러한 전쟁상태는, 제14장과 제15장에서 제시한 자연의 법칙들을 준수하고 그들 간의 협약을 이행하도록 공포를 심어주고 그들을 두려움에 떨도록 하는 가시적인 권력이 없을 때, 이미 우리가 제13장에서 보여준 바와 같이 인간의 자연스러운 야욕의 결과 반드시 일어난다.

이것은 자연법으로는 얻을 수 없다

정의, 공정, 겸손, 자비 그리고 요약하면 우리가 대접받기를 바라는 대로 다른 사람을 대하는 것과 같은 자연의 법칙이 어떤 권력에 의한 공포감이 없이 저절로 지켜지는 것은 편협심, 자부심, 복수심 등

observed, are contrary to our natural passions, that carry us to partiality, pride, revenge, and the like. And covenants, without the sword, are but words, and of no strength to secure a man at all. Therefore notwithstanding the laws of nature, which every one hath then kept, when he has the will to keep them, when he can do it safely, if there be no power erected, or not great enough for our security; every man will, and may lawfully rely on his own strength and art, for caution against all other men. (···)

Lastly, the agreement of these creatures is natural; that of men, is by covenant only, which is artificial: and therefore it is no wonder if there be somewhat else required, besides covenant, to make their agreement constant and lasting; which is a common power, to keep them in awe, and to direct their actions to the common benefit.

The generation of a commonwealth, the definition of a commonwealth.

The only way to erect such a common power, as may be able to defend them from the invasion of foreigners, and the injuries of one another, and thereby to secure them in such sort, as

을 일으키는 우리의 자연적 야욕에 반하는 것이다. 그리고 협약은 칼이 없이는 단지 어구에 불과하고 인간을 안전하게 지킬 아무런 힘도 없다. 그리해 모든 이들 각자가 지킬 의지를 가지고 있을 때나 안전하게 지킬 수 있을 때 지켜왔던 자연의 법칙이 있음에도 불구하고, 어떠한 권력체도 세워지지 않는다면 혹은 우리의 안전을 확보하기에 충분히 큰 권력체가 없다면, 모든 사람은 각자 다른 모든 이들을 경계 하기 위해서 합법적으로 자기 자신의 힘과 기교에 기댈려고 하거나 기댈 것이다. (중략)

이런 [이성이 없이 공동 생활하는] 피조물 간의 화합은 자연적인 반면에 인간의 합의는 단지 협약에 의한 것이고 이것은 인위적인 것이다. 그래서 협약 이외에 합의를 항구적이며 지속가능하게 만들기 위해서 뭔가 다른 것이 요구되는 것은 조금도 이상하지 않다. 그런데 그것은 바로 모든 이들을 두려움에 떨게 하고 그들 행위들이 공동의 이익에 부합하도록 유도하는 어떤 공동의 권력체이다.

정치공동체의 발생, 정치공동체의 정의

대지가 주는 결실과 자기 자신의 근면함으로 스스로를 양육하며 만족스럽게 살아갈 수 있도록 안전을 보장하고 서로 간의 침해와 외국인들의 침범으로부터 보호할 수 있도록 하는 공동의 권력을 세우는

that by their own industry, and by the fruits of the earth, they may nourish themselves and live contentedly; is, to confer all their power and strength upon one man, or upon one assembly of men, that may reduce all their wills, by plurality of voices, unto one will: which is as much as to say, to appoint one man, or assembly of men, to bear their person; and every one to own, and acknowledge himself to be author of whatsoever he that so bears their person, shall act, or cause to be acted, in those things which concern the common peace and safety; and therein to submit their wills, every one to his will, and their judgments, to his judgment.

This is more than consent, or concord; it is a real unity of them all, in one and the same person, made by covenant of every man with every man, in such manner, as if every man should say to every man, *I authorize and give up my right of governing myself, to this man, or to this assembly of men, on this condition, that thou give up thy right to him, and authorize all his actions in like manner.* This done, the multitude so united in one person, is called a COMMONWEALTH, in Latin CIVITAS.

유일한 방법은 자기 자신의 모든 권력과 힘을 한 명의 인간에게나 혹은 모든 구성원 개인들의 의지를 다수결을 통해 하나의 의지로 축약하는 하나의 인간 회합체에게 부여하는 것이다. 이것은 사실상 한 명의 사람이나 하나의 회합체가 그들의 인격을 담지하도록 임명하는 것이다. 그것은 또한 이들 각자가 모두 공동의 평화와 안전과 관련해 자신의 인격을 담지한 그가 능동적으로 하거나 피동적으로 하게 되는 모든 행위를 소유하고 스스로가 이 모든 것의 작자임을 인정하는 것이다. 그리고 그로 인해 그들 각자의 의지를 모두 그의 의지에 맡기고 그들 각자의 판단을 그의 판단에 맡기는 것이다.

이것은 의견의 일치 그 이상이며 그들 모두가 진정으로 단 하나의 동일한 인격체로 합치되는 것이다. 이것은 그들 각자가 각자와 맺은 협약에 의해서 이루어지는 것이며, 이 협약을 통해 각자가 각자에게 모두 마치 다음과 같이 말하는 것과 같다. "나는 나 자신을 다스릴 권리를 포기하고 그 권리를 이 사람이나 이 사람들의 회합체에 위임한다. 다만 하나의 조건이 있는데 그것은 너 자신도 너의 권리를 그에게 포기하고 마찬가지로 그의 모든 행위들에 권위를 부여해야 한다는 것이다." 이것이 이루어질 때, 무리는 하나의 인격체로 결합되는데 이 인격체가 바로 정치공동체, 라틴어로는 시비타스(civitas)이다.

This is the generation of that great LEVIATHAN, or rather, to speak more reverently, of that *mortal god*, to which we owe under the *immortal God*, our peace and defense. For by this authority, given him by every particular man in the commonwealth, he hath the use of so much power and strength conferred on him, that by terror thereof, he is enabled to perform the wills of them all, to peace at home, and mutual aid against their enemies abroad. And in him consists the essence of the commonwealth; which, to define it, is *one person, of whose acts a great multitude, by mutual covenants one with another, have made themselves every one the author, to the end he may use the strength and means of them all, as he shall think expedient, for their peace and common defense.*

Sovereign, and subject, what.

And he that carries this person, is called SOVEREIGN, and said to have *sovereign power*; and every one besides, his SUBJECT.

The attaining to this sovereign power, is by two ways. One, by natural force; as when a man makes his children, to submit themselves, and their children to his government, as being

이것이 바로 위대한 리바이어던의 탄생이고 좀 더 공경심을 갖추어 말하면 시한부 신의 탄생이다. 이것 덕분에 우리는 영원불멸의 신의 가호 아래 우리의 평화와 안보를 누리고 있는 것이다. 왜냐하면 정치공동체 내의 모든 개별 사람에 의해서 부여된 이런 권위에 의해 그는 자신에게 부여된 그렇게 많은 권력과 힘을 사용하게 되고 그로 인한 공포심을 이용해서 그는 그들 모두의 의지들을 묶어서 국내에서는 평화를 성취할 수 있고 해외에서는 그들의 적에 대항해서 공동으로 힘을 행사할 수 있기 때문이다. 그에게 정치공동체의 핵심이 존재하는데 정의를 하자면 그것은 서로 간에 협약을 맺은 수많은 사람들이 개별적으로 모두 작자로서 책임을 지는 행위를 하는 하나의 인격체이다. 이 결과 그는 스스로 합당하다고 생각하는 대로 그들의 평화와 공동 방위를 위해 그들 모두의 힘과 재산을 사용할 수 있다.

주권자와 피지배자는 무엇인가?

이러한 인격을 담지하고 있는 사람을 주권자로 부르고 그는 주권을 가지고 있다고 말한다. 그와 나머지 모두는 피지배자(subject)라고 한다.

이러한 주권을 획득하는 방법은 두 가지이다. 하나는 자연적인 힘에 의한 것인데 여기에는 아이들을 생산하고 자신에게 복종하도록 하고 만약에 거부한다면 말살할 수 있도록 하거나, 전쟁에 의해서 적들

able to destroy them if they refuse; or by war subdues his enemies to his will, giving them their lives on that condition. The other, is when men agree amongst themselves, to submit to some man, or assembly of men, voluntarily, on confidence to be protected by him against all others.

This latter, may be called a political commonwealth, or commonwealth by *institution*; and the former, a commonwealth by *acquisition*. And first, I shall speak of a commonwealth by institution.

Chapter 18 Of the Rights of Sovereigns by Institution

The act of instituting a commonwealth, what.

A *commonwealth* is said to be *instituted*, when a *multitude* of men do agree, and *covenant, every one, with every one*, that to whatsoever *man*, or *assembly of men*, shall be given by the major part, the *right* to *present* the person of them all, that is to say, to be their *representative*; every one, as well he that *voted for it*, as he that *voted against it*, shall *authorize* all the actions and judgments, of that man, or assem-

을 자신의 의지에 따르도록 하고 그런 조건하에서 생명을 유지할 수 있도록 하는 방식이 포함된다. 다른 방법은 사람들이 다른 모든 사람들로부터 보호받을 것이라는 확신하에 한 사람이나 어떤 하나의 인간 회합체에 자발적으로 복종하기로 서로 간에 합의하는 것이다.

이 후자가 정치적인 공동체(political commonwealth)라고 부르거나 설립에 의한 정치공동체(commonwealth by institution)라고 부르고 전자는 취득에 의한 정치공동체(commonwealth by acquisition)라고 한다. 우선 설립에 의한 정치공동체부터 이야기하도록 하자.

제18장 설립에 의한 주권자의 권리

정치공동체를 설립하는 행위는 무엇인가?

정치공동체가 설립되었다는 말은 다음을 의미한다. 그것은 한 무리의 사람들이 각자 서로 동의하고 협약을 맺어 누구든 한 사람이나 하나의 인간 회합체에다 그들 모두의 인격을 대표할(즉, 그들의 대표자가 될) 권한을 다수결로 부여하고, 모든 사람이 각자 다른 사람들로부터 보호를 받고 서로 간에 평화롭게 살기 위해, [다수결에서] 자신이 찬성을 했든 반대를 했든 그 한 사람이나 회합체의 모든 행위와 판단을 마치 자기 자신의 것인 양 승인하

bly of men, in the same manner, as if they were his own, to the end, to live peaceably amongst themselves, and be protected against other men.

The consequences to such institution, are.

From this institution of a common-wealth are derived all the *rights*, and *faculties* of him, or them, on whom sovereign power is conferred by the consent of the people assembled.

1. The subjects cannot change the form of government.
2. Sovereign power cannot be forfeited.
3. No man can without injustice protest against the institution of the sovereign declared by the major part.
4. The sovereign's actions cannot be justly accused by the subject.
5. Whatsoever the sovereign doth is unpunishable by the subject.
6. The sovereign is judge of what is necessary for the peace and defense of his subjects. And judge of what doctrines are fit to be taught them.

는 것이다.

그러한 설립에 따른 결과들

이러한 정치공동체의 설립으로부터 그나 그들의 모든 권리와 권능이 파생되는데, 회합한 인민들이 합의해 이 사람이나 이들에게 주권을 부여한다.

[다음은 홉스가 정리한 주권자의 권리나 권능들이다. 주요항목만 뽑아 적고 구체적인 내용은 생략했다: 편집자 주.]

1. 피지배자는 정부의 형태를 바꿀 수 없다.
2. 주권은 몰수될 수 없다.

3. 어떤 사람도 다수가 명명한 주권기관에 대항해서 부당하게 항의할 수 없다.

4. 주권자의 행위는 피지배자에 의해 정당하게 고발될 수 없다.
5. 주권자가 무엇을 하든 피지배자는 징벌될 수 없다.
6. 주권자는 피지배자들의 안녕과 방위를 위해 무엇이 필요한지 판단한다. 그리고 어떤 교리를 그들에게 가르치는 것이 적합한지 판단한다.

7. The right of making rules; where-by the subjects may every man know what is so his own, as no other subject can without injustice take it from him.
8. To him also belongs the right of judicature and decision of contro-versy.
9. And of making war, and peace, as he shall think best.
10. And of choosing all counsellors and ministers, both of peace & war.

These rights are indivisible.

These are the rights, which make the essence of sovereignty; and which are the marks, whereby a man may discern in what man, or assembly of men, the sovereign power is placed, and resides. For these are incommuni-cable, and inseparable. (···)

And can by no grant pass away without direct renouncing of the sov-ereign power.

And because they are essential and inseparable rights, it follows necessar-ily, that in whatsoever words any of them seem to be granted away, yet if the sovereign power itself be not in di-rect terms renounced, and the name of

7. 피지배자 각자가 자기 것이 무엇인지 알게 하고 다른 피지배자가 부당하게 그의 것을 빼앗지 못하도록 하는 법규를 만드는 권리.

8. 그에게 분쟁을 종결하고 재판하는 권리가 귀속된다.

9. 스스로 최선이라고 생각하는 대로 전쟁을 하고 강화를 하는 권리.

10. 전시나 평시나 모든 자문단과 각료들을 간택하는 권리.

이런 [주권자의] 권리들은 나뉠 수 없다

이것들이 주권의 본질이고, 주권이 어떤 사람이나 사람의 회합체에 놓여있는지를 판별할 수 있는 표식이 되는 권리들이다. 이것들은 남에게 넘겨주거나 분리될 수 없다. (중략)

주권의 직접적인 포기 없이는 어떠한 양도에 의해서도 사라질 수 없다

이것들은 본질적이며 분리불가한 권리이기 때문에, 그 중 어떤 것이 어떤 말로든 양도된 것처럼 보인다고 해도, 주권 그 자체가 직설적으로 포기되지 않고 권리를 받은 사람들이 권리들을 양도한 그를 가리켜 주권자라고 부른 것도 아니라면,

sovereign no more given by the grantees to him that grants them, the grant is void: for when he has granted all he can, if we grant back the sovereignty, all is restored, as inseparably annexed thereunto.

The power and honor of subjects vanishes in the presence of the power sovereign.

This great authority being indivisible, and inseparably annexed to the sovereignty, there is little ground for the opinion of them, that say of sovereign kings, though they be *singulis majores*, of greater power than every one of their subjects, yet they be *universis minores*, of less power than them all together.

Chapter 19 Of the Several Kinds of Commonwealth by Institution, and of Succession to the Sovereign Power

The different forms of commonwealths but three.

THE difference of commonwealths, consists in the difference of the sovereign, or the person representative of all and every one of the multitude. And because the sovereignty is either in one man, or in an assembly of more than one; and into that assembly either ev-

[즉, 권리의 양도가 주권자의 이름으로 분명히 이루어진 것이 아니라면] 그 양도는 무효일 수밖에 없다. 왜냐하면 그가 가능한 모든 것을 양도했을 때에도 우리가 주권을 되찾아준다면, 그것과 불가분의 관계에 있는 모든 부속 권리들이 복원된다.

피지배자의 권력과 명예는 주권 앞에서는 사라진다

이 위대한 권위는 나누어질 수 없으며 주권에 불가분하게 붙어 있기 때문에, 주권을 가진 왕이 개개인의 피지배자 누구보다 많은 권력을 가지고 있지만 그들을 합친 것보다는 적은 권력을 가지고 있다는 주장은 근거가 거의 없다.

제19장 여러 종류의 설립에 의한 정치공동체와 주권의 승계

서로 다른 형태의 정치공동체가 있지만 3가지에 불과함

정치공동체의 차이는 주권자, 즉 군중 혹은 무리(the multitude)를 형성하고 있는 모든 이와 각 개개인을 대표하는 인격체의 차이에 있다. 주권은 한 명의 사람이나 한 명 이상의 사람으로 구성된 회합체에 있고 이 회합체에는 모든 이가 참가할 권리를 가지고 있거나 모든 이가 아니라 나

ery man hath right to enter, or not every one, but certain men distinguished from the rest; it is manifest, there can be but three kinds of commonwealth. For the representative must needs be one man, or more: and if more, then it is the assembly of all, or but of a part. When the representative is one man, then is the commonwealth a MONARCHY: when an assembly of all that will come together, then it is a DEMOCRACY, or popular commonwealth: when an assembly of a part only, then it is called an ARISTOCRACY. Other kind of commonwealth there can be none: for either one, or more, or all, must have the sovereign power, which I have shown to be indivisible, entire.

Tyranny and oligarchy, but different names of monarchy, and aristocracy.

There be other names of government, in the histories, and books of policy; as *tyranny*, and *oligarchy*: but they are not the names of other forms of government, but of the same forms misliked [disliked]. For they that are discontented under *monarchy*, call it *tyranny*; and they that are displeased with *aristocracy*, call it *oligarchy*: so also, they which find themselves grieved under a *democracy*, call it *anarchy*, which signifies want of govern-

머지 다른 사람들과 구분되는 특정의 사람들만 참가할 수 있기 때문에 정치공동체는 단지 3가지만 존재할 수 있다. 왜냐하면 대표자는 단지 한 명이거나 더 많아야만 하며 그것이 한 명을 넘을 때는 모든 사람들의 회합체이거나 일부 사람들의 회합체이어야만 하기 때문이다. 대표자가 1인일 경우 정치공동체는 군주정이며 모든 사람들이 함께 하는 회합체인 경우 그것은 민주정 혹은 민중 정치공동체이다. 일부만의 회합체일 경우 그것은 귀족정이라고 한다. 다른 종류의 정치공동체는 전혀 존재할 수가 없다. 왜냐하면, 한 명 혹은 더 많은 사람들이거나 혹은 모두만이 불가분의 주권을 온전히 가질 것임에 틀림이 없기 때문이다.

일인 폭점과 과두정은 군주정과 귀족정의 다른 호칭에 불과

정책서나 역사책에는 폭정이나 과두정과 같은 다른 종류의 정부를 칭하는 이름들이 등장한다. 그러나 그것들은 다른 형태의 정부를 일컫는 이름들이 아니라, 동일한 형태이지만 싫어하는 형태를 칭하는 것이다. 왜냐하면, 군주정에 불만이 있는 자들은 그것을 폭정이라고 부르고 귀족정에 불만이 있는 자들은 그것을 과두정이라고 부를 뿐이다. 또한 민주정 아래서 고통을 받는 자들은 그것을 정부의 부재를 의미하는 무정부상태라고 칭한다. 그러나 나는 세상의 어느 누구도 정부의 부재

ment; and yet I think no man believes, that want of government, is any new kind of government: nor by the same reason ought they to believe, that the government is of one kind, when they like it, and another, when they mis-like[dislike] it, or are oppressed by the governors.

가 어떤 새로운 종류의 정부라고 믿지 않는다. 또한 똑같은 이유로 동일한 정부가 그들이 좋아할 때는 이런 종류의 정부이고 그들이 싫어할 때나 통치자들이 억압할 때는 다른 종류의 정부라고 믿어서는 안 된다.

제
11
장

로크의 『통치론』

존 로크 초상화

출처: Wikimedia commons

로크의 영국 남부 링턴의 생가 그림

출처: Wikimedia commons

"이미 말한 바와 같이 인간이 처음으로 연합해 하나의 사회를 구성하는 순간 공동체의 전체 권력을 자연스럽게 가지게 된 다수는 때때로 공동체를 위해서 [직접] 법을 만들고 자기들이 임명한 공직자에 의해서 법을 집행하는 식으로 모든 권력을 행사할 수 있다. 이런 경우라면 정부의 형태는 완벽한 민주정이다. 만약에 그렇지 않고 [이 다수는] 법을 만드는 권력을 소수의 선택된 사람들과 그들의 상속자들이나 계승자들의 수중에 둘 수도 있다. 이런 경우 그것은 과두정이다. 또한 그렇지 않고 한 사람의 수중에 둘 수도 있는데 그런 경우 그것은 군주정이다(존 로크)."

존 로크(John Locke, 1632~1704)

로크는 1632년 8월 29일, 잉글랜드 남부 서머싯(Somerset) 주의 링턴(Wrington)이라는 작은 마을에서 중산층 젠트리 집안의 첫째 아들로 태어났다. 그의 가문은 아버지 쪽이 의류업, 어머니쪽이 제혁업에 종사해온 상인 가문이었다. 아버지는 사회적 지위가 그다지 높지 않은 변호사였지만, 잉글랜드 내전에서 자신이 모시던 치안판사 출신인 알렉산더 포펌(Alexander Popham)이 대령으로 있던 의회군의 부대에서 기병대장으로 활약했다. 이런 인연으로 포펌은 1647년 로크를 당대 최고의 명문이었던 웨스트민스터 학교에 입학시켜 주기도 했다. 그 후 옥스퍼드 대학 크라이스트 처치 칼리지(Christ-Church College)로 진학한 로크는 1656년 2월에 학사학위를, 1658년 6월에 석사학위를 취득했다. 졸업 후 자기가 나온 칼리지에서 교수를 지내며 그리스어와 수사학 등을 강의했다.

연구원이었던 로크는 당시 법에 따라 성직자가 되거나 법학 또는 의학으로 고등 학위를 취득해야 했는데, 그중 의학을 선택했다. 그 후 그는 별로 가망이 없던 애슐리 경의 종양 수술을 성공시키게 되는데 이 사람은 찰스 2세를 폐위시키고자 하는 급진적인 정치 이념을 가진 인물이었다. 수술을 성공시킨 것을 계기로 그는 애슐리 가의 고문 의사직을 맡아 런던에 있는 애슐리 저택에서 1675년까지 생활하게 된다. 1675년 11월부터 그는 3년 반 동안 프랑스로 여행을 떠나 철학 공부에 매진했다.

애슐리 경과 그의 당파는 1660년 왕정복고로 즉위한 찰스 2세와 대립하다 체포되거나 망명했는데 이 와중에 로크 역시 1683년 네덜란드로 망명하게 되고 영국정부는 1684년 11월 크라이스트 처치 칼리지의 교수 직위를 박탈하게 된다. 1689년 2월까지 총 5년 반의 세월을 로트르담에서 보내며 연구와 저술 작업에 몰두했다.

명예혁명이 성공해 제임스 2세가 쫓겨나고 윌리엄 3세와 메리 2세가 잉글랜드의 왕위에 오른 1689년 2월, 메리 2세와 함께 그는 런던으로 다시 돌아올 수 있었다. 귀국 후인 1690년에 세 권의 저술을 발표했다. 그중 『관용에 관한 편지』와 『통치론』은 익명으로 발표하고 『인간지성론』은 본명으로 출판했다.

그는 평생을 독신으로 지냈으며, 천식을 앓으며 오랫동안 건강이 좋지 않은 상태로 살았다. 1700년 은퇴해 친구의 저택에서 지내다가 1704년 10월 28일, 72세의 나이로 생을 마감했다. 죽기 직전인 9월에야 유언장을 통해 익명으로 출판된 『통치론』이 자신의 저작임을 밝혔다.

로크의 『통치론』의 두 번째 논고에서 그는 시민사회를 만든 사람들이 다수의 이름으로 법을 만드는 권한을 직접 행사할 때 민주정이라고 규정하고 있다. 반면 다수가 입법 권한을

1인에게 위임하면 군주정, 소수의 선택된 자들에게 위임하면 과두정이라고 칭한다. 이 편집서에는 8장, 9장, 10장, 13장의 일부를 각각 수록하고 있는데, 여기서의 영문은 Project Gutenberg에서 1690년도 출판본을 디지털화한 *Second Treatise of Government*에 기초하고 있다. 전체 영문본은 Project Gutenberg(https://www.gutenberg.org/files/7370/7370-h/7370-h.htm)에서 읽어볼 수 있다.

참고문헌

공진성. 2018.『존 로크 통치론: 자기 한계를 아는 권력』, 쌤앤파커스: 파주

송규범. 2015.『존 로크의 정치사상』. 아카넷: 파주.

앨런 라이언, 남경태 · 이광일 역. 2017.『정치사상사: 헤로도토스에서 현재까지』. 문학동네: 파주.

어네스트 바커 외, 강정인 문지영 편역. 1995.『로크의 이해』. 문학과지성사: 서울.

정윤석. 2003. "로크『통치론』."『철학사상』16, 별책 제2권4호, 1-140.

Chapter 8 Of the Beginning of Political Societies

Sect. 95. MEN being, as has been said, by nature, all free, equal, and independent, no one can be put out of this estate, and subjected to the political power of another, without his own consent. The only way whereby any one divests himself of his natural liberty, and puts on the bonds of civil society, is by agreeing with other men to join and unite into a community for their comfortable, safe, and peaceable living one amongst another, in a secure enjoyment of their properties, and a greater security against any, that are not of it. This any number of men may do, because it injures not the freedom of the rest; they are left as they were in the liberty of the state of nature. When any number of men have so consented to make one community or government, they are thereby presently incorporated, and make one body politic, wherein the majority have a right to act and conclude the rest.

Sect. 96. For when any number of men have, by the consent of every individual, made a community, they have thereby made that community one body, with a power to act as one

제8장 정치사회의 시작

소절 95. 이미 말한 바와 같이 자연적으로 모두 자유롭고 평등하며 독립적인 인간은 어느 누구도 자신의 동의 없이는 이 상태로부터 벗어나거나 다른 사람의 정치 권력에 복속될 수가 없다. 어느 누구든 자신의 자연적 자유를 버리고 시민사회의 구속을 짊어지게 만드는 유일한 방법은 편안하고 안전하며 평화로운 삶을 서로 간에 누리기 위해 다른 사람들과 합의 하에 하나의 공동체로 뭉치는 것밖에 없다. 이로써 이들은 사유재산, 즉, 자신이 고유하게 소유한 것들을 보다 안전하게 향유하며 공동체 구성원이 아닌 자들에 대항해 보다 더 안전하게 지낼 수 있다. 어떤 수의 사람들이든 이것을 할 수가 있는데, 이를 통해 다른 나머지 사람들의 자유가 손상되는 것이 아니다. 이 나머지 사람들은 여전히 공동체 밖에서 자연 상태의 자유를 누린다. 어떤 수의 사람들이든 그렇게 하나의 공동체나 정부를 만들겠다고 일단 동의를 하면, 그들은 그로 인해 당장 단체를 형성하게 되며, 그들 중 다수가 나머지 사람들을 구속할 권한을 가지고 행동하게 되는 하나의 정치적 단체(혹은 조직체, body politic)를 만들게 된다.

소절 96. 왜냐하면 어떤 수의 사람들이든 각 개인의 동의에 의해서 공동체를 만들 때 그들은 그로 인해 그 공동체를 하나의 단체로 만들게 되는데 이때 이 단체는 오로지 다수의 의지와 결심에 의해서만

body, which is only by the will and determination of the majority: for that which acts any community, being only the consent of the individuals of it, and it being necessary to that which is one body to move one way; it is necessary the body should move that way whither the greater force carries it, which is the consent of the majority: or else it is impossible it should act or continue one body, one community, which the consent of every individual that united into it, agreed that it should; and so every one is bound by that consent to be concluded by the majority. And therefore we see, that in assemblies, empowered to act by positive laws, where no number is set by that positive law which empowers them, the act of the majority passes for the act of the whole, and of course determines, as having, by the law of nature and reason, the power of the whole.

Sect. 97. And thus every man, by consenting with others to make one body politic under one government, puts himself under an obligation, to every one of that society, to submit to the determination of the majority, and to be concluded by it; or else this original compact, whereby he with others incorporates into one society, would

하나의 단체로 행동할 권한을 가지게 된다. 공동체로서 행동한다는 것은 사실 공동체를 구성하고 있는 개인들이 단지 그렇게 합의했다는 것이며 이러한 합의는 하나의 단체가 한 방향으로 움직이려면 필수적이다. 이때 더 큰 힘이 가해지는 쪽으로 단체가 움직일 필요가 있다. 그런데 여기서 더 큰 힘은 바로 다수가 합의한 것이다. 만약에 그렇게 움직이지 않는다면, 그것은 하나의 단체 혹은 하나의 공동체로서 움직이거나 지속되기가 불가능하다. 공동체를 만들어 하나가 된 각 개인은 그래야만 한다고 합의했던 것이다. 그런 합의에 의해서 모든 개개인은 다수가 내린 결정에 구속된다. 그래서 우리가 알고 있듯이, 실정법에 의해서 행동할 권한을 부여받은 회합체지만 실정법에 구체적으로 어떠한 수에 의해서 집단의 의사결정을 내려야 한다고 규정이 되어 있지 않다면, 다수의 의결이 곧 전체의 의결로 간주되고 자연과 이성의 법칙에 의해서 다수가 전체의 권한을 가지고 결론을 내린다.

소절 97. 그리해 다른 사람들과 하나의 정부 아래 하나의 정치단체를 만들기로 합의함으로써 모든 사람은 각자, 그 사회의 모든 이가 그러하듯이, 다수의 결정에 복종하고 그에 의해 구속받을 의무를 스스로 지게 된다. 그렇지 않다면, 각 개인이 다른 사람들과 하나의 사회를 조직하게 되는 이 원초적 협약은 무의미하게 되고, 그가 그 이전 자연 상태에 놓여있을

signify nothing, and be no compact, if he be left free, and under no other ties than he was in before in the state of nature. For what appearance would there be of any compact? what new engagement if he were no farther tied by any decrees of the society, than he himself thought fit, and did actually consent to? This would be still as great a liberty, as he himself had before his compact, or any one else in the state of nature hath, who may submit himself, and consent to any acts of it if he thinks fit.

Sect. 98. For if the consent of the majority shall not, in reason, be received as the act of the whole, and conclude every individual; nothing but the consent of every individual can make any thing to be the act of the whole: but such a consent is next to impossible ever to be had, if we consider the infirmities of health, and avocations of business, which in a number, though much less than that of a commonwealth, will necessarily keep many away from the public assembly. To which if we add the variety of opinions, and contrariety of interests, which unavoidably happen in all collections of men, (⋯) where the majority cannot conclude the rest, there they cannot act

때와 비교해 다른 어떠한 추가 구속도 받지 않고 자유롭게 지낸다면 그 협약은 협약이 아니게 된다. 도대체 조금이라도 어떤 협약의 모습이 남아 있는가? 그 자신이 스스로 알맞다고 판단하고 실제로 동의하는 것이 아니라면 다른 어떤 사회의 포고령에 조금이라도 구속을 받지 않는다면, 도대체 새로운 계약이 어디에 있단 말인가? 그런 상황에서의 그는 협약을 맺기 이전이나 자연 상태에서 다른 누구든 누렸던 만큼이나 커다란 자유를 여전히 누리고 있는 것이나 마찬가지이다. 이런 사람은 자기가 알맞다고 생각하는 경우에만 계약의 어떤 부분이든 동의하고 따르려고 한다.

소절 98. 다수의 합의가 논리적으로 전체의 결의로 받아들여져 모든 개개인을 구속하지 않는다면, 어떤 것이 전체의 결의가 되기 위해서는 모든 개개인의 동의를 일일이 받아야만 한다. 그러나 그런 동의를 얻어내기란 거의 불가능하다. 인간은 질환에 걸리기도 하고 생계를 유지하기 위한 직업에 종사하기 때문에, 비록 숫자로 보면 정치공동체를 이루는 사람의 수보다 훨씬 적지만, 여전히 많은 이들이 공공집회에 참석하지 못하게 된다. 여기에다 인간이 모이는 곳이라면 어디든 불가피하게 나타나는 다양한 의견 충돌과 서로 다른 이해관계들로 인해 [개개인의 동의를 일일이 받기란 거의 불가능하다.] (중략) 다수가 나머지 사람들을 구속할 수 없다면, 그들은 하나의 단체로서 행동할 수 없고 결과적으로 그 공동체는 즉시 해

as one body, and consequently will be immediately dissolved again.

Sect. 99. Whosoever therefore out of a state of nature unite into a community, must be understood to give up all the power, necessary to the ends for which they unite into society, to the majority of the community, unless they expressly agreed in any number greater than the majority. And this is done by barely agreeing to unite into one political society, which is all the compact that is, or needs be, between the individuals, that enter into, or make up a commonwealth. And thus that, which begins and actually constitutes any political society, is nothing but the consent of any number of freemen capable of a majority to unite and incorporate into such a society. And this is that, and that only, which did, or could give beginning to any lawful government in the world.

Chapter 9 Of the Ends of Political Society and Government

Sect. 123. IF man in the state of nature be so free, as has been said; if he be absolute lord of his own person and possessions, equal to the greatest, and subject to no body, Why will he part with his freedom? Why will he give

체될 것이다.

소절 99. 그리해 자연 상태로부터 벗어나 하나의 공동체로 연합하는 누구든 간에, 명시적으로 다수보다 더 많은 수로 결정하기로 별도로 합의하지 않는 경우라면, 그들이 사회를 이루게 되는 목적에 필요한 모든 권력을 공동체의 다수에게 양도하는 것으로 이해되어야만 한다. 그리고 이것은 단지 하나의 정치적 사회에 연합해 들어가기로 동의함으로써 이루어진다. 이 동의가 바로 정치공동체를 구성하거나 그에 가입하는 개개인들 간에 있거나 있어야만 하는 협약의 전부이다. 그리해 어떠한 정치적 사회를 시작하고 실제로 형성하는 것은 다수를 만들 수 있는 어떠한 수의 자유인들이 연합해 그러한 사회를 조직하기로 동의하는 것 이외에는 아무것도 아니다. 오로지 이것만이 세상에서 합법적인 어떤 정부든 출범했거나 출범할 수 있는 유일한 길이다.

제9장 정치사회와 정부의 목적

소절 123. 자연 상태에서 인간이 앞에서 말한 바와 같이 그렇게 자유롭다면, 그리고 그가 어느 누구에게도 굴종하지 않고 가장 위대한 자와 동등한 위치에서 자신의 인격과 사유재산에 절대적인 주군으로 처신할 수 있다면, 그는 왜 자신의 자

up this empire, and subject himself to the dominion and control of any other power? To which it is obvious to answer, that though in the state of nature he hath such a right, yet the enjoyment of it is very uncertain, and constantly exposed to the invasion of others: for all being kings as much as he, every man his equal, and the greater part no strict observers of equity and justice, the enjoyment of the property he has in this state is very unsafe, very unsecure. This makes him willing to quit a condition, which, however free, is full of fears and continual dangers: and it is not without reason, that he seeks out, and is willing to join in society with others, who are already united, or have a mind to unite, for the mutual preservation of their lives, liberties and estates, which I call by the general name, property.

Sect. 124. The great and chief end, therefore, of men's uniting into commonwealths, and putting themselves under government, is the preservation of their property. To which in the state of nature there are many things wanting

First, There wants an established, settled, known law, received and allowed by common consent to be the standard of right and wrong, and the

유를 양도하는가? 왜 그는 자기의 제국을 포기하고 다른 어떤 권력의 지배와 통제에 스스로 굴복하는가? 이에 대한 명백한 답은, 비록 자연 상태에서 그는 그러한 권한을 가지고 있지만 그것을 향유하는 것이 매우 불확실해 끊임없이 다른 사람들의 침범에 노출되어 있다는 것이다. 왜냐하면 모든 사람들이 그와 같이 왕이며 모든 사람이 각자 그와 동등한 위상에 놓여 있으며, 정의와 공정을 엄격하게 지켜나가는 어떠한 강력한 자도 없기 때문에 이 상태에서 그가 누리고 있는 재산의 향유는 매우 불안정하고 불안전하다. 이로 인해 그는 비록 아무리 자유롭다고 할지라도 공포와 끊임없는 위험에 가득 차 있는 상태를 기꺼이 포기하게 된다. 그리해 당연히 그는 내가 사유재산(property)이라고 통칭하는 자기의 생명, 자유 및 자산을 상호 보존하기 위해 벌써 연합해 있거나 연합할 자세가 되어 있는 다른 사람들을 스스로 찾아서 이들과 연합해 사회를 기꺼이 만들려고 한다.

소절 124. 그리해 인간들이 연합해 정치공동체를 이루고 스스로를 정부 아래에 두는 가장 큰 목적은 자신들의 사유재산을 보존하는 것이다. 자연 상태는 이런 목적을 달성하기에 많은 것들이 부족하다.

첫째, 그들 간의 모든 분쟁을 결정할 공통의 척도가 없으며 옳고 그름의 기준이 되는 것으로 다 같이 합의해 받아들여지는 법이 확립되거나 정착되어 있거나

common measure to decide all contro-
versies between them. (…)

Sect. 125. Secondly, In the state of
nature there wants a known and indif-
ferent judge, with authority to deter-
mine all differences according to the
established law. (…)

Sect. 126. Thirdly, In the state of na-
ture there often wants power to back
and support the sentence when right,
and to give it due execution. (…)

Sect. 127. Thus mankind, notwith-
standing all the privileges of the state
of nature, being but in an ill condition,
while they remain in it, are quickly
driven into society.

Sect. 131. But though men, when
they enter into society, give up the
equality, liberty, and executive pow-
er they had in the state of nature, into
the hands of the society, to be so far
disposed of by the legislative, as the
good of the society shall require; yet it
being only with an intention in every
one the better to preserve himself, his
liberty and property; (for no rational
creature can be supposed to change his
condition with an intention to be worse)
the power of the society, or legislative

알려져 있지 않다. (중략)

소절 125. 둘째, 자연 상태에서는 확립
된 법에 따라서 모든 의견의 차이를 결정
할 권위를 가진 공평무사한 재판관이 알
려져 있지 않다. (중략)

소절 126. 셋째로, 자연 상태에서는 옳
은 것을 선고했을 때, 그것을 지키고 그것
을 제대로 집행할 권력이 없다. (중략)

소절 127. 그리해 인간은 자연 상태의
모든 특권에도 불구하고 그 상태에 남아
있는 경우 좋지 않은 상황에 처하게 되어
재빨리 사회를 구성하게 된다.

소절 131. 그러나 사회에 가입할 때 인
간은 자연 상태에서 가졌던 평등, 자유 및
집행 권력을 포기해 사회의 수중에 맡겨
사회의 공익을 위해 필요한 정도만큼 입
법기관이 처분하도록 하지만, 이것은 오
로지 이들 모두가 자기 자신, 자신의 자유
및 사유재산을 더 잘 보존하려는 의도를
가지고 했기 때문에, 어떤 합리적인 피조
물도 더 나빠지려는 의도를 가지고 자신
의 상황을 변경할 것이라고는 생각할 수
가 없기에, 그들이 구성한 사회 혹은 입법
기관의 권력은 공익을 벗어나서 행사할
수가 결코 없으며, 자연 상태를 불안전하

constituted by them, can never be supposed to extend farther, than the common good; but is obliged to secure every one's property, by providing against those three defects above mentioned, that made the state of nature so unsafe and uneasy. And so whoever has the legislative or supreme power of any commonwealth, is bound to govern by established standing laws, promulgated and known to the people, and not by extemporary decrees; by indifferent and upright judges, who are to decide controversies by those laws; and to employ the force of the community at home, only in the execution of such laws, or abroad to prevent or redress foreign injuries, and secure the community from inroads and invasion. And all this to be directed to no other end, but the peace, safety, and public good of the people.

Chapter 10 Of the Forms of a Commonwealth

Sect. 132. THE majority having, as has been shewed, upon men's first uniting into society, the whole power of the community naturally in them, may employ all that power in making laws for the community from time to time, and executing those laws by officers of their own appointing; and then the form of the government is a

고 불안정하게 만들었던 위에서 말한 세 가지 단점에 대비함으로써 모든 이의 사유재산을 안전하게 지키도록 해야만 한다. 그래서 어떠한 정치공동체의 입법권이나 최고 권력을 가진 자들은 누구든 즉흥적으로 내놓는 포고령이 아니라 인민들에게 널리 공포한 상설 법을 통해 통치해야만 한다. 또한 공평무사하고 정직한 재판관이 그러한 법률에 의거해 분쟁을 해결해야만 한다. 그리고 국내에서는 그러한 법을 집행할 목적으로만 공동체의 강제력이 사용되어야 하고 해외에서는 외국의 침해를 막거나 바로 잡고 외국의 침입과 침탈로부터 공동체를 보호하는 데에만 사용되어야 한다. 이 모든 조치들은 오로지 인민의 평화와 안전 및 공익을 위한 것 이외에 다른 어떤 목적으로 이루어져서는 안 된다.

제10장 커먼웰스의 형태

소절 132. 이미 말한 바와 같이 인간이 처음으로 연합해 하나의 사회를 구성하는 순간 공동체의 전체 권력을 자연스럽게 가지게 된 다수는 때때로 공동체를 위해서 [직접] 법을 만들고 자기들이 임명한 공직자에 의해서 법을 집행하는 식으로 모든 권력을 행사할 수 있다. 이런 경우라면 정부의 형태는 완벽한 민주정이다. 만약에 그렇지 않고 [이 다수는] 법을 만드

perfect democracy: or else may put the power of making laws into the hands of a few select men, and their heirs or successors; and then it is an oligarchy: or else into the hands of one man, and then it is a monarchy: if to him and his heirs, it is an hereditary monarchy: if to him only for life, but upon his death the power only of nominating a successor to return to them; an elective monarchy. And so accordingly of these the community may make compounded and mixed forms of government, as they think good. And if the legislative power be at first given by the majority to one or more persons only for their lives, or any limited time, and then the supreme power to revert to them again; when it is so reverted, the community may dispose of it again anew into what hands they please, and so constitute a new form of government: for the form of government depending upon the placing the supreme power, which is the legislative, it being impossible to conceive that an inferior power should prescribe to a superior, or any but the supreme make laws, according as the power of making laws is placed, such is the form of the commonwealth.

Sect. 133. By commonwealth, I must be understood all along to mean, not

는 권력을 소수의 선택된 사람들과 그들의 상속자들이나 계승자들의 수중에 둘 수도 있다. 이런 경우 그것은 과두정이다. 또한 그렇지 않고 한 사람의 수중에 둘 수도 있는데 그런 경우 그것은 군주정이다. 만약에 그와 그의 상속자에게 준다면 그것은 세습 군주정이고, 그에게 단지 수명이 다할 때까지만 주고 그가 죽자마자 계승자를 지명할 권한을 다시 돌려받는다면 그것은 선출직 군주정이다. 여기에 더해, 공동체는 이 정부들을 알맞게 혼합한 형태의 정부를 만들 수도 있다. 그리고 입법권력이 처음에 다수에 의해 한 명이나 더 많은 사람들에게 그들의 일생 동안이나 어떤 제한된 기간 동안만 주어진다면 최고 권력은 그들에게 다시 되돌아가게 된다. 최고 권력이 그들에게 다시 되돌아왔을 때, 공동체는 다시 새롭게 권력을 자기들 마음대로 선택한 자들의 수중에 맡겨 정부를 새로 구성할 수 있다. 정부의 형태는 최고의 권력, 즉 입법권을 어디에 두느냐에 달려 있기 때문에, 그리고 열등한 권력이 우월한 권력에게 명령하거나 최고 권력 이외의 것이 법을 만드는 것은 상상할 수가 없기 때문에 법을 만드는 권력이 어디에 놓여 있느냐에 따라 정부의 형태가 결정된다.

소절 133. 내가 정치공동체라고 하면 그것은 민주정이나 어떤 식의 특정 정부

a democracy, or any form of govern-ment, but any independent commu-nity, which the Latines signified by the word *civitas*, to which the word which best answers in our language, is commonwealth, and most proper-ly expresses such a society of men, which community or city in English does not; for there may be subordinate communities in a government; and city amongst us has a quite different notion from commonwealth: and therefore, to avoid ambiguity, I crave leave to use the word commonwealth in that sense, in which I find it used by King James the First; and I take it to be its genuine signification; which if any body dislike, I consent with him to change it for a better.

Chapter 13 Of the Subordina-tion of the Powers of the Commonwealth

Sect. 149. THOUGH in a constituted commonwealth, standing upon its own basis, and acting according to its own nature, that is, acting for the preser-vation of the community, there can be but one supreme power, which is the legislative, to which all the rest are and must be subordinate, yet the legislative being only a fiduciary power to act for certain ends, there remains still in the

형태를 의미하는 것이 아니라 어떤 독립된 공동체를 줄곧 의미하는 것으로 이해되어야만 한다. 라틴어로는 그것은 civi-tas를 의미하는데, 이 단어는 우리말인 영어로는 commonwealth에 제일 부합하는 말인데 이것이 그러한 인간 결사체를 가장 적합하게 표현한다. 반면에 영어의 community나 city라는 단어는 그렇지 못하다. 왜냐하면, 하나의 정부 아래 여러 개의 community가 존재할 수도 있으며, 우리에게 city는 commonwealth와는 아주 다른 개념으로 쓰인다. 그래서 모호함을 피하기 위해 제임스 1세 왕이 사용하는 것으로 내가 파악하고 있는 그런 의미로 commonwealth라는 단어를 사용할 수 있기를 간절히 바란다. 나는 그런 의미가 그 말의 진짜 의미라고 본다. 하지만 누구든 이것이 싫다면 그 말을 더 좋은 것으로 바꾸어도 나는 상관이 없다.

제13장 커먼웰스 권력의 종속

소절 149. 자신의 본성에 따라서 움직이고, 즉 공동체의 보존을 위해서 움직이고 자립하고 있는 기성 공동체에서는 오로지 단 하나의 최고 권력이 있을 수 있고 이것은 입법기관인데 여기에 다른 모든 권력이 종속되어 있고 그에 복종해야 하지만, 입법권력은 단지 어떤 목적을 위해서 신탁된 권력일 뿐이기 때문에, 인민들의 신임에 반해 행동하는 입법기관이 생겼을 때, 그것을 제거하거나 변경할 최고

people a supreme power to remove or alter the legislative, when they find the legislative act contrary to the trust reposed in them: for all power given with trust for the attaining an end, being limited by that end, whenever that end is manifestly neglected, or opposed, the trust must necessarily be forfeited, and the power devolve into the hands of those that gave it, who may place it anew where they shall think best for their safety and security.

And thus the community perpetually retains a supreme power of saving themselves from the attempts and designs of any body, even of their legislators, whenever they shall be so foolish, or so wicked, as to lay and carry on designs against the liberties and properties of the subject: for no man or society of men, having a power to deliver up their preservation, or consequently the means of it, to the absolute will and arbitrary dominion of another; when ever any one shall go about to bring them into such a slavish condition, they will always have a right to preserve, what they have not a power to part with; and to rid themselves of those, who invade this fundamental, sacred, and unalterable law of self-preservation, for which

권력은 여전히 인민에게 놓여 있다. 어떤 목적을 달성하기 위해 위탁된 모든 권력은 그런 목적에 의해서 제한을 받기 때문에 그 목적이 명백히 소홀하게 다루어졌거나 그에 반한 일이 일어난 경우에, 주어진 신임은 반드시 철회돼야만 한다. 그리고 그 권력은 그것을 주었던 사람들의 수중으로 되돌아가게 된다. 이것을 되받은 이들은 자신들의 안전과 안보를 위해서 가장 적합하다고 생각하는 곳에다 권력을 새로이 부여할 수 있다.

그래서 공동체는 어떤 자이든 비록 자신들의 입법자들이라도 이들이 멍청하게나 사악하게 피지배자의 자유와 사유재산에 반하는 음모를 짜고 실행하려고 할 때마다 이들의 시도와 음모로부터 자기를 구제하는 최고 권력을 항구적으로 보유한다. 어떤 사람이나 인간 사회도 자기 보존이나 그것을 위한 수단을 다른 이의 절대적인 의지와 자의적인 지배에다 위탁할 권한은 가지고 있지 않기 때문에, 어느 누구든 그렇게 비천한 상태에 그들을 빠뜨릴 지경에 이를 때마다 그들은 자신도 처분할 권한을 가지고 있지 못한 그런 것들을 보존할 권리와, 자신이 사회에 가입한 목적인 근본적이고 신성하며 변경 불가한 자기보존의 법칙을 침범한 사람들을 제거할 권리를 항상 가지고 있을 것이다. 그리해 공동체는 이런 면에서 항상 최고 권력이라고 말할 수 있다. 그러나 어떤 형태의 정부 아래서도 그렇게 간

they entered into society. And thus the community may be said in this respect to be always the supreme power, but not as considered under any form of government, because this power of the people can never take place till the government be dissolved.

Sect. 150. In all cases, whilst the government subsists, the legislative is the supreme power: for what can give laws to another, must needs be superior to him; and since the legislative is no otherwise legislative of the society, but by the right it has to make laws for all the parts, and for every member of the society, prescribing rules to their actions, and giving power of execution, where they are transgressed, the legislative must needs be the supreme, and all other powers, in any members or parts of the society, derived from and subordinate to it.

주되지 않는데 이것은 인민이 가진 이 권력이 항상 정부가 해체되어서야 비로소 드러나기 때문이다.

소절 150. 모든 경우에 정부가 지속되는 한, 입법기관이 최고 권력이다. 왜냐하면 법을 다른 이들에게 부여할 수 있다는 말은 이들보다 높은 위치에 있다는 말이기 때문이다. 입법기관은 다름이 아니라, 사회의 모든 집단과 사회의 모든 구성원을 위해 법을 만들어 그들의 행동에 대한 규칙을 정하고 이것이 위반될 때에는 처형할 권력을 부여하는 권한에 의해서만 오로지 사회의 입법기관이기 때문에, 입법기관은 최고이어야만 하고 사회의 어떤 구성원들이나 어떤 집단들이 가진 다른 모든 권력들은 그로부터 파생된 것이며 그에 복속되어야만 한다.

몽테스키외의
『법의 정신』

라 브레드 영지에 있는 몽테스키외의 성

출처: Shutterstock

200프랑 지폐의 몽테스키외

출처: Shutterstock

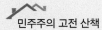

"공화정은 인민이 하나의 단체로서 혹은 인민의 일부가 주권을 가지고 있는 정부이고, 군주정은 한 명이 홀로 통치하지만 고정되고 확립된 법에 의해 통치하는 정부이다. 반면에 독재정은 한 명이 홀로 법이나 규칙이 없이 그의 의지와 변덕에 의해서 모든 것을 이끌어 가는 정부이다(몽테스키외)."

몽테스키외(Charles Louis de Secondat, Baron de La Brède et de Montesquieu, 1689~1755)

몽테스키외는 1689년 프랑스 보르도(Bordeaux) 지방의 귀족 가문에서 네 남매 중 맏이로 태어났다. 어머니는 영국 귀족가문 출신으로, 그가 태어난 라 브레드(La Brède) 영지를 결혼 지참금으로 가져올 만큼 부유한 사람이었다. 그러나 그가 7살 때 어머니는 출산하다 사망하게 된다. 아버지는 관리, 군인, 성직자들을 배출한 하급 귀족 가문 출신이었다.

당시의 교육 풍습에 따라 그는 태어나자마자 평민의 집으로 보내져 3년간 양육되었다. 1700년 11세의 나이에 수도원 학교로 진학해 근대식 교육을 받았고, 자식이 없어 고등법원 직위를 조카에게 물려주고자 했던 삼촌의 뜻에 따라 대학에서는 법학을 공부했다. 1708년에 변호사 자격을 취득한 후 법조인으로서 경력을 쌓기 위해 파리로 떠났지만 1713년에 아버지가 사망하면서 라 브레드로 돌아와야 했다. 1715년 부유한 신교도 여성과 결혼했고 두 명의 딸과 한 명의 아들을 슬하에 두게 된다.

1716년 27세가 된 몽테스키외는 삼촌이 사망 후 예정한 대로 보르도 고등법원 판사직과 남작 작위를 물려받았지만 1726년 37세에 그는 판사직을 팔아버리고 학술활동에 보다 집중하게 된다. 1728년 그는 프랑스 학술원 회원이 되었고, 같은 해 4월 오스트리아 빈으로 갔다. 1731년 고향으로 돌아오기 전까지 헝가리, 이탈리아, 독일, 네덜란드, 영국을 거쳐 유럽 전역을 견학했는데 특히 영국에 18개월 동안 체류했다. 그는 귀국 후 라 브레드에 머물렀으나 자주 파리를 방문해 해외에서 온 인사들과 교류를 했다. 여유로운 말년을 보내던 그는 1755년 파리에 돌던 열병에 감염되어 사망했다.

『법의 정신』은 몽테스키외가 무려 20년이라는 세월을 바쳐서 쓴 저작으로 익명으로 출판되었고 프랑스 왕정과 더불어 로마 가톨릭 교회로부터 금서로 지정되기도 했다. 당시 유럽에서 광범위하게 읽혀진 이 책은 우리나라가 서양의 민주 사상을 근대에 도입할 때 많은 영향을 미쳤다. 특히 우리나라 헌법 제1조의 민주공화국과 같은 표현은 그의 영향을 여실히 보여주는 사례이다. 이 편집서에는 제1권, 제2권, 제3권, 제5권, 제11권의 일부가 각각 소개되고 있는데, 여기서의 영문 번역문은 *The Complete Works of M. de Montesquieu*: vol. 1 (London: T. Evans, 1777)에 기초하고 있다. 전체 영문 번역본은 The Online Library of Liberty(https://oll.libertyfund.org)에서 읽을 수 있다.

참고문헌

김용민. 2001. "몽테스키외의 정치사상 : 《법의 정신》을 중심으로." 『계간 사상』, 50호, 237-256.

이현아. 2013. "몽테스키외의 현실주의적 자유주의와 삼권분립." 『철학과 현실』, 96호, 153-170.

BOOK I. OF LAWS IN GENERAL
Chapter 3 Of Positive Laws

AS soon as mankind enter into a state of society, they lose the sense of their weakness; equality ceases, and then commences the state of war.

Each particular society begins to feel its strength; whence arises a state of war between different nations. The individuals likewise of each society become sensible of their force: hence the principal advantages of this society they endeavour to convert to their own emolument; which constitutes a state of war between individuals.

These two different kinds of states give rise to human laws. Considered as inhabitants of so great a planet, which necessarily contains a variety of nations, they have laws relative to their mutual intercourse, which is what we call the *law of nations*. As members of a society that must be properly supported, they have laws relative to the governors and the governed; and this we distinguish by the name of *politic law*. They have also another sort of laws, as they stand in relation to each other; by which is understood the *civil law*.

제1권 법 일반
제3장 실증법

인간이 사회를 이루어 그 안에 들어가는 순간 [자연 상태에서 가졌던] 허약함의 감정을 잃게 된다. [또한 자연상태에서] 그들 사이에 있었던 평등함도 중단되고, 전쟁상태가 시작된다.

각각의 특정 사회는 자신의 힘을 감지하게 되어, 민족(혹은 국민)들 사이에 전쟁상태가 야기된다. 각 사회 내의 개인들도 자신의 힘을 감지하기 시작한다. 그들은 이 사회의 주요한 이점들을 자신에게 유리하게 바꾸려고 애쓴다. 이 결과 그들 간에 전쟁상태가 야기된다.

이러한 두 가지 종류의 전쟁상태로 인해 인간들 사이에 법이 만들어지게 된다. 혹성이 아주 넓어 여러 민족이 거주할 때 이들 서로 간의 관계에 관한 법이 생기게 되는데 이것이 민족에 관한 법이다. 사회가 제대로 유지되기 위해서는 구성원들은 통치하는 자들과 통치받는 자들 사이의 관계에 관한 법을 가지게 된다. 이것은 정치적 법이라고 한다. 나아가, 모든 시민들은 각자 서로와 맺게 되는 관계에 관한 법을 가지는데 이 법이 시민 법이다.

BOOK II. OF LAWS DIRECTLY DERIVED FROM THE NATURE OF GOVERNMENT

Chapter 1 Of the Nature of Three Different Governments

THERE are three species of government; *republican, monarchical, and despotic*. In order to discover their nature, it is sufficient to recollect the common notion, which supposes three definitions, or rather three facts: "That a republican government is that in which the body or only a part of the people is possessed of the supreme power: monarchy, that in which a single person governs by fixed and established laws: a despotic government, that in which a single person directs everything by his own will and caprice."

This is what I call the nature of each government: we must now inquire into those laws which directly conform to this nature, and consequently are the fundamental institutions.

Chapter 2 Of the Republican Government, and the Laws Relative to Democracy

WHEN the body of the people is possessed of the supreme power, this is called a *democracy*. When the su-

제2권 정부의 속성에서 직접 도출되는 법

제1장 3개의 다른 정부의 속성

세 가지 종류의 정부가 있다. 공화정, 군주정 그리고 독재정이다. 각각의 속성을 파악하기 위해서는 심지어 교육을 가장 못 받은 사람들이 이 3가지 정부에 대해 생각하는 것만으로도 충분하다. 이 생각에는 3가지 정의 혹은 사실이 존재한다. 공화정은 인민이 하나의 단체로서 혹은 인민의 일부가 주권을 가지고 있는 정부이고, 군주정은 한 명이 홀로 통치하지만 고정되고 확립된 법에 의해 통치하는 정부이다. 반면에 독재정은 한 명이 홀로 법이나 규칙이 없이 자기 의지와 변덕에 의해 모든 것을 이끌어 가는 정부이다.

이것이 내가 각 정부의 속성이라고 부르는 것이다. 이제 이러한 속성으로부터 어떤 법이 직접 귀결되어 나와 근본적인 법이 되는지를 보아야만 한다.

제2장 공화정부와 민주정 관련 법

인민이 하나의 단체로서 주권을 가지고 있는 공화정은 민주정이다. 주권이 인민 일부의 수중에 놓여있는 경우에 그것

preme power is lodged in the hands of a part of the people, it is then an *aristocracy*.

In a democracy the people are in some respects the sovereign, and in others the subject.

There can be no exercise of sovereignty but by their suffrages, which are their own will: now, the sovereign's will is the sovereign himself. The laws, therefore, which establish the right of suffrage, are fundamental to this government. And indeed it is as important to regulate, in a republic, in what manner, by whom, to whom, and concerning what, suffrages are to be given, as it is, in a monarchy, to know who is the prince, and after what manner he ought to govern. (⋯)

It is an essential point, to fix the number of citizens who are to form the public assemblies; otherwise it would be uncertain whether the whole or only a part of the people had given their votes. (⋯)

The people, in whom the supreme power resides, ought to have the management of everything within their reach: what exceeds their abilities must

은 귀족정으로 불린다.

민주정에서는 인민은 어떤 면에서 보면 주권자이고 다른 면에서 보면 피지배자이다.

그들은 자신들의 의지에 해당하는 투표를 통해서만 주권자가 될 수 있다. 주권자의 의지가 주권자 그 자신이다. 그래서 이 정부에서는 투표할 권리를 확정하는 법이야말로 근본적 법이다. 정말로 이런 경우에 어떻게 누구에 의해서 누구를 위해 그리고 어떤 사안에 관해서 투표가 이루어져야 하는지를 통제하는 것은 군주정에서 누가 군주이고 어떻게 그가 통치해야 하는지를 아는 것만큼이나 중요하다. (중략)

이 정부에서는 민회를 구성하는 시민들의 수를 정하는 것이 기본적인 문제이다. 만약에 이것이 정해지지 않는다면, 인민이 투표했는지 아니면 단지 인민의 일부가 투표했는지를 알 길이 없다. (중략)

주권을 가진 인민은 잘 할 수 있는 모든 것을 직접 해야만 한다. 그리고 그들이 잘 할 수 없는 것들은 자신의 권한대행관들을 통해서 해야만 한다.

be conducted by their ministers.

But they cannot properly be said to have their ministers, without the power of nominating them: it is therefore a fundamental maxim, in this government, that the people should choose their ministers; that is, their magistrates.

They have occasion, as well as monarchs, and even more so, to be directed by a council or senate. But, to have a proper confidence in these, they should have the choosing of the members; whether the election be made by themselves, as at Athens; or by some magistrate deputed for that purpose, as on certain occasions was customary at Rome.

The people are extremely well qualified for choosing those whom they are to intrust with part of their authority. They have only to be determined by things to which they cannot be strangers, and by facts that are obvious to sense. (…)

As most citizens have sufficient abilities to choose, though unqualified to be chosen, so the people, though capable of calling others to an account for their administration, are incapable of conducting the administration themselves. (…)

인민이 이들 권한대행관들을 지명하지 않는다면 이들은 인민의 관리가 될 수 없다. 그래서 이 정부의 근본적인 준칙은 인민이 자신의 권한대행관들, 즉 집행관들을 지명해야만 하는 것이다.

인민은 군주처럼 혹은 심지어 군주보다 더 심하게 평의회 혹은 상원에 의해서 지도받을 필요가 있다. 그러나 인민이 그들을 신뢰하기 위해서는 그 구성원들을 선출해야만 한다. 이것은 그 구성원들을 아테네에서처럼 직접 고르거나 로마에서 때때로 관행적으로 그랬듯이 그들을 대신 선출할 어떤 집행관을 선정하는 방식으로 이루어진다.

인민은 자신의 권위 중 어떤 부분을 위탁해야만 하는 사람들을 고르는 능력이 탁월하다. 그들은 익숙한 것들과 감각적으로 명백한 것들에 기반해 결정을 내리기만 하면 된다. (중략)

누군가를 선출을 할 정도의 능력을 가진 대부분의 시민들이 스스로 피선출될 정도의 능력은 안 되는 것처럼, 인민은 다른 사람들의 행정에 대한 책임을 물을 정도의 능력은 있지만 그들 자신이 행정을 할 만한 능력은 안 된다. (중략)

As the division of those who have a right of suffrage is a fundamental law in republics, the manner also of giving this suffrage is another fundamental.

The suffrage by *lot* is natural to democracy, as that by *choice* is to aristocracy.

The suffrage by *lot* is a method of electing that offends no one; but animates each citizen with the pleasing hope of serving his country. (⋯)

The law which determines the manner of giving suffrage is likewise fundamental in a democracy. (⋯) The people's suffrages ought doubtless to be public; and this should be considered as a fundamental law of democracy. The lower class ought to be directed by those of higher rank, and restrained within bounds by the gravity of eminent personages. (⋯)

It is likewise a fundamental law, in democracies, that the people should have the sole power to enact laws. And yet there are a thousand occasions on which it is necessary the senate should have a power of decreeing: nay, it is frequently proper to make some trial of a law before it is established. The constitutions

투표권을 가지고 있는 자들을 여러 집단으로 나누는 것이 공화정에서 근본적인 법인 것처럼, 투표를 하는 방식 또한 근본적인 법이다.

추첨에 의한 투표는 민주정의 속성이고 선출에 의한 투표는 귀족정의 속성이다.

추첨에 의한 투표는 누구도 감정을 상하게 하지 않는 선거 방식이고 누구나 자신의 나라에 봉사할 기회를 가질 수 있다는 희망을 심어준다. (중략)

투표에서 표를 던지는 방식을 결정하는 법도 민주정에서는 또 다른 근본적인 법이다. (중략) 인민이 표를 던질 때, 그들의 표는 의심할 여지없이 공개돼야만 한다. 이것은 민주정의 근본적인 법으로 간주돼야만 한다. 하층민들은 상층민들의 지도를 받아야만 하고, 탁월한 사람들의 영향력 아래 놓여 있어야만 한다. (중략)

민주정의 또 다른 근본적인 법은 인민만이 오로지 법을 만들어야만 한다는 것이다. 그러나 수천 가지 경우에 상원이 입법을 할 필요가 있다. 종종 법을 확정하기 전에 시범 실시해 보는 것이 적절할 때도 있다. 로마와 아테네의 헌법들은 매우 탁월했다. 상원의 포고령은 1년 동안만 법의 효력을 가졌다. 그것은 나중에 인민의 동의

of Rome and Athens were excellent. The decrees of the senate had the force of laws for the space of a year, but did not become perpetual till they were ratified by the consent of the people.

Chapter 3 Of the Laws Relative to the Nature of Aristocracy

IN an aristocracy the supreme power is lodged in the hands of a certain number of persons. These are invested both with the legislative and executive authority; and the rest of the people are, in respect to them, the same as the subjects of a monarchy in regard to the sovereign.

They do not vote here by lot; for this would be productive of inconveniencies only. (…)

When the nobility are numerous, there must be a senate to regulate the affairs which the body of nobles are incapable of deciding, and to prepare others for their decision. In this case it may be said, that the aristocracy is in some measure in the senate, the democracy in the body of the nobles, and the people are a cypher.

에 의해서만 항구적으로 법이 되었다.

제3장 귀족정의 속성과 관련된 법

귀족정에서는 주권이 특정 수의 사람들한테 있다. 그들은 법을 만들며 법의 집행을 맡아서 하고, 이 사람들과 인민의 나머지 사람들과의 관계는 군주정에서 주권자인 군주와 백성의 관계와 같다.

투표는 추첨에 의해 해서는 안 된다. 이런 방식은 귀족정에서 결함만 낳을 뿐이다. (중략)

귀족이 많을 때, 귀족집단 전체가 결정할 수 없는 사안에 대해서 통치하고 그 집단 전체가 결정할 사안들에 대해 예비적 조치를 취할 상원 혹은 원로회의가 있어야만 한다. 이런 경우에 귀족정은 어떤 의미에서 상원에 있고 민주정은 귀족 집단 전체에 있으며 인민은 아무것도 아니라고 볼 수 있을 것이다.

[이하 군주정과 독재정의 원칙에 관한 부분은 생략함: 편집자 주]

BOOK III. OF THE PRINCIPLES OF THE THREE KINDS OF GOVERNMENT

Chapter 1 Difference between the Nature and Principle of Government

There is this difference between the nature and principle of government, that the former is that by which it is constituted, and the latter that by which it is made to act. One is its particular structure, and the other the human passions which set it in motion.

Now, laws ought to be no less relative to the principle, than to the nature, of each government. We must therefore enquire into this principle, which shall be the subject of this third book.

Chapter 2 Of the Principle of Different Governments

I have already observed, that it is the nature of a republican government, that either the collective body of the people or particular families should be possessed of the supreme power: of a monarchy, that the prince should have this power, but, in the execution of it, should be directed by established laws: of a despotic government, that a single person should rule according to his own will

제3권 세 가지 정부의 원칙들

제1장 정부의 속성과 원칙의 차이

정부의 속성과 원칙 사이에는 차이가 있다. 속성은 어떤 것을 구성하는 것이고 원칙은 그것이 움직이게 하는 것이다. 전자는 그것의 특수한 구조이고 후자는 그것을 추동하는 인간의 열정 혹은 욕망(passions)이다.

법은 각 정부의 속성과 관련된 것에 못지않게 그것의 원칙과도 연관이 되어야만 한다. 그래서 이 원칙을 파악해야만 한다. 이것이 이 3권의 주제이다.

제2장 다양한 정부들의 원칙

내가 이미 말했듯이, 공화정의 속성은 인민 전체가 하나의 단체로서나 몇몇 가문들이 주권을 가지고 있는 것이다. 군주정의 속성은 군주가 주권을 가지고 있지만 그는 확정된 법에 따라서 그것을 행사하는 것이다. 독재정의 속성은 단지 혼자서 자신의 의지와 변덕에 따라서 통치하는 것이다. 이 사실만으로도 이들 정부의 3가지 원칙을 알아낼 수 있다. 왜냐하면 이 원칙들은 그러한 속성에서 자연스럽게

and caprice. This enables me to discover their three principles, which are naturally derived from thence. I shall begin with a republican government, and in particular with that of democracy.

Chapter 3 Of the Principle of Democracy

THERE is no great share of probity necessary to support a monarchical or despotic government: the force of laws, in one, and the prince's arm, in the other, are sufficient to direct and maintain the whole: but, in a popular state, one spring more is necessary, namely, virtue.

What I have here advanced is confirmed by the unanimous testimony of historians, and is extremely agreeable to the nature of things. For, it is clear, that, in a monarchy, where he, who commands the execution of the laws, generally thinks himself above them, there is less need of virtue than in a popular government, where the person, entrusted with the execution of the laws, is sensible of his being subject to their direction.

도출되기 때문이다. 이제 공화정 특히 민주정부터 논의를 해보려고 한다.

제3장 민주정의 원칙

군주정이나 독재정은 스스로를 유지하거나 지속하기 위해 진정성 혹은 성실성이 많이 필요하지 않다. 군주정에서는 법의 강제력으로, 독재정에서는 군주의 항상 치켜든 팔을 가지고 전체를 통치하거나 통제할 수 있다. 그러나 인민의 국가에서는 또 다른 활력소가 있어야만 하는데, 그것은 덕목이다.

내가 하는 말은 전체 역사에서 확인이 되고 사물의 속성과 아주 부합한다. 왜냐하면, 분명하게도, 군주정에서는 법의 집행을 주관하는 자가 스스로 법 위에 있다고 판단하고 있기 때문에 그렇지 않은 인민정(popular government)보다 덕목이 덜 필요하기 때문이다. 인민정에서는 인민이 법의 집행을 주관하는 자인 동시에 스스로 법에 복속되는 존재임을 알기에 덕목이 더 필요하다.

Chapter 4 Of the Principle of Aristocracy

AS virtue is necessary in a popular government, it is requisite, also, under an aristocracy. True it is, that, in the latter, it is not so absolutely requisite.

The people, who, in respect to the nobility, are the same as the subjects with regard to a monarch, are restrained by their laws: they have, therefore, less occasion for virtue than the people in a democracy. But how are the nobility to be restrained? They, who are to execute the laws against their colleagues, will immediately perceive they are acting against themselves. Virtue is, therefore, necessary in this body, from the very nature of the constitution.

Chapter 9 Of the Principle of Despotic Government

AS virtue is necessary in a republic, and, in a monarchy, honour, so fear is necessary in a despotic government: with regard to virtue, there is no occasion for it, and honour would be extremely dangerous. (…)

A moderate government may, whenever it pleases, and without the least

제4장 귀족정의 원칙

인민정에 덕목이 있어야만 하는 것처럼 귀족정에도 역시 덕목이 있어야만 한다. 하지만 그것이 절대적으로 필요한 것은 아니다.

귀족정에서 인민은 백성이 군주와 갖는 관계를 귀족들과 갖기 때문에, 귀족의 법률에 의해서 통제된다. 그래서 그들은 민주정의 인민보다 덕목을 덜 필요로 한다. 그러나 귀족들은 어떻게 통제될 것인가? 자기 동료들에게 법을 집행해야만 하는 이들은 자기 자신에게도 그래야 한다는 것을 바로 깨닫게 될 것이다. 그래서 덕목은 헌법의 속성상 귀족집단에게도 있어야만 한다.

제9장 독재정의 원칙

공화정에 덕목이 있어야만 하고 군주정에 명예가 있어야만 하듯이, 독재정에서는 두려움 혹은 공포가 있어야만 한다. 덕목은 이 정부에 결코 필요하지 않고 명예는 오히려 아주 위험하다. (중략)

온건한 정부에서는 원하는 만큼 자신의 활력소들을 줄이더라도 위험부담이 전

danger, relax its springs: it supports itself by the laws and by its own internal strength. But, when a despotic prince ceases one single moment to lift up his arm, when he cannot instantly demolish those whom he has intrusted with the first employments, all is over: for, as fear, the spring of this government, no longer subsists, the people are left without a protector.

혀없다. 그것은 법과 심지어 강제력으로도 스스로를 유지할 수 있다. 그러나 독재정에서는 군주가 한순간 자신의 팔을 들어올리지 않는다면, 그가 최고위직에 있는 자들을 일순간에 궤멸시킬 수 없다면, 모든 게 사라진다. 왜냐하면 그 정부의 활력소, 즉 공포가 더 이상 존재하지 않는다면, 인민에게 보호자가 더 이상 존재하지 않게 되기 때문이다.

BOOK V. THAT THE LAWS, GIVEN BY THE LEGISLATOR, OUGHT TO BE RELATIVE TO THE PRINCIPLE OF GOVERNMENT

Chapter 2 What is Meant by Virtue in a Political State

VIRTUE in a republic is a most simple thing; it is a love of the republic; it is a sensation, and not a consequence of acquired knowledge; a sensation that may be felt by the meanest as well as by the highest person in the state.

Chapter 3 What is Meant by a Love of the Republic, in a Democracy

A love of the republic, in a democracy, is a love of the democracy; as the latter is that of equality.

A love of the democracy is, likewise, that of frugality. Since every individual ought here to enjoy the same happiness and the same advantages, they should, consequently, taste the same pleasures and form the same hopes; which cannot be expected but from a general frugality.

제5권 입법자가 만든 법은 정부의 원칙과 관련 있어야만 한다

제2장 정치적 국가에서 덕목이란 무엇인가?

공화정에서의 덕목은 아주 간단한 것으로, 바로 공화정에 대한 사랑이다. 그것은 감정이지 지식의 결과가 아니다. 이러한 감정은 국가의 가장 미천한 존재도 최고의 존재 못지 않게 가질 수 있다.

제3장 공화정에 대한 사랑은 민주정에서 무엇인가?

공화정에 대한 사랑은 민주정에서는 민주정에 대한 사랑이다. 민주정에 대한 사랑은 평등에 대한 사랑이다.

민주정에 대한 사랑은 또한 검소함에 대한 사랑이다. 그곳에서 각자는 똑같은 행복과 똑같은 혜택을 누려야 하기 때문에 각자는 똑같은 기쁨을 누리고 똑같은 희망을 가지고 있어야 한다. 이것은 다같이 검소할 때만 기대할 수 있는 것이다.

BOOK XI. OF THE LAWS WHICH ESTABLISH POLITICAL LIBERTY, WITH REGARD TO THE CONSTITUTION

Chapter 3 In What Liberty Consists

IT is true that, in democracies, the people seem to act as they please; but political liberty does not consist in an unlimited freedom. In governments, that is, in societies directed by laws, liberty can consist only in the power of doing what we ought to will, and in not being constrained to do what we ought not to will.

We must have continually present to our minds the difference between independence and liberty. Liberty is a right of doing whatever the laws permit; and, if a citizen could do what they forbid, he would be no longer possessed of liberty, because all his fellow-citizens would have the same power.

Chapter 4 The Same Subject Continued

DEMOCRATIC and aristocratic states are not in their own nature free. Political liberty is to be found only in moderate governments; and even in these it is not always found. It is there

제11권 헌법과 관련해 정치적 자유를 확립하는 법률들

제3장 자유란 무엇인가?

사실 민주정에서 인민은 자신들이 원하는 대로 마음껏 하는 것처럼 보이지만, 정치적 자유는 결코 원하는 것을 하는 것이 아니다. 국가에서, 즉 법이 있는 사회에서, 자유는 마땅히 하려고 하는 것을 할 수 있는 권능을 가지는 것과 마땅히 하지 말아야 하는 것을 하도록 결코 강요받지 않는 것에 있다.

우리는 계속해서 독립과 자유의 차이점을 마음 속에 새겨 두어야 한다. 자유는 법이 허용하는 모든 것을 할 권리이다. 그리고 어느 시민이 법이 금지하는 것을 할 수 있다면 나머지 다른 시민들도 마찬가지로 이러한 권력을 가질 것이기 때문에 그는 더 이상 자유롭지 않게 될 것이다.

제4장 동일 주제 연속 논의

민주정과 귀족정은 속성 상 자유국가가 아니다. 정치적 자유는 오로지 온건한 정부에서만 찾아볼 수 있다. 그러나 온건한 국가에서도 항상 그런 것이 아니다. 권력이 남용되지 않을 때에만 자유는 존재

only when there is no abuse of power: but constant experience shews us that every man invested with power is apt to abuse it, and to carry his authority as far as it will go. Is it not strange, though true, to say, that virtue itself has need of limits?

To prevent this abuse, it is necessary, from the very nature of things, power should be a check to power. A government may be so constituted, as no man shall be compelled to do things to which the law does not oblige him, nor forced to abstain from things which the law permits.

Chapter 6 Of the Constitution of England

IN every government there are three sorts of power: the legislative; the executive in respect to things dependent on the law of nations; and the executive in regard to matters that depend on the civil law.

By virtue of the first, the prince or magistrate enacts temporary or perpetual laws, and amends or abrogates those that have been already enacted. By the second, he makes peace or war, sends or receives embassies, establishes the public security, and provides

하지만 권력을 가진 누구든 그것을 남용하게 되어 있고 제한을 받을 때까지 계속 그렇게 한다는 것은 영원불멸의 사실이다. 누가 생각이나 하겠는가? 심지어 덕목조차도 제한받을 필요가 있다는 사실을 말이다.

사람이 권력을 남용하지 않도록 하기 위해, 사물의 속성 상 권력은 권력에 의해 견제되어야 한다. 아무도 법에 의해 의무적으로 해야 하는 것이 아닌 것들을 하도록 강요받거나 법률상 허용한 것을 못하도록 해서는 안 되도록 헌정이 구성되어야 한다.

제6장 영국의 헌법

정부에는 3가지 종류의 권력이 있다. 입법권력, 민족들 간의 법에 관한 집행권력 그리고 시민들 간의 법에 관한 집행권력이다.

첫 번째 권력에 의해서 군주나 집행관은 일시적이거나 항구적인 법을 만들고 만든 법을 수정하거나 폐기한다. 두 번째 권력에 의해 그는 다른 민족과 전쟁을 하거나 화평을 하고, 대사를 보내거나 받고, 안보를 확립하고 침입을 막는다. 세 번째 권력에 의해 그는 범죄를 처벌하거나 개

against invasions. By the third, he punishes criminals, or determines the disputes that arise between individuals. The latter we shall call the judiciary power, and the other, simply, the executive power of the state.

The political liberty of the subject is a tranquility of mind arising from the opinion each person has of his safety. In order to have this liberty, it is requisite the government be so constituted as one man need not be afraid of another.

When the legislative and executive powers are united in the same person, or in the same body of magistrates, there can be no liberty; because apprehensions may arise, lest the same monarch or senate should enact tyrannical laws, to execute them in a tyrannical manner.

Again, there is no liberty if the judiciary power be not separated from the legislative and executive. Were it joined with the legislative, the life and liberty of the subject would be exposed to arbitrary control; for the judge would be then the legislator. Were it joined to the executive power, the judge might behave with violence and oppression.

인들 사이의 분쟁을 재판한다. 여기서 마지막 권력은 사법권력이라고 불릴 것이고 앞의 것은 단순히 국가의 집행권력이라고 불릴 것이다.

시민에게 정치적 자유는 각자가 자신이 안전하다는 생각으로부터 나오는 정신적 평온이다. 그가 이러한 자유를 가지기 위해서는 한 시민이 다른 시민을 두려워하지 않도록 정부가 만들어져 있어야 한다.

입법권력이 단 한 명의 사람이나 단 하나의 집행 단체에 집행권력과 통합되어 있을 때, 자유란 전혀 없다. 왜냐하면 폭력적인 법을 만든 군주나 원로원이 동일하게 법을 폭력적으로 집행할까봐 사람들은 두려워할 것이기 때문이다.

사법권력이 입법권력 및 집행권력과 분리되어 있지 않는 경우에도 자유란 없다. 만약에 그것이 입법권력과 결합되어 있다면 피지배자들의 생사와 자유가 자의적인 처분에 놓일 수 있다. 왜냐하면 재판관이 바로 입법관이기 때문이다. 만약에 그것이 집행권력과 결합되어 있다면, 재판관은 압제와 폭력으로 설칠지 모른다.

There would be an end of every-thing, were the same man, or the same body, whether of the nobles or of the people, to exercise those three powers, that of enacting laws, that of executing the public resolutions, and of trying the causes of individuals. (…)

Here, then, is the fundamental con-stitution of the government we are treating of. The legislative body being composed of two parts, they check one another by the mutual privilege of rejecting. They are both restrained by the executive power, as the executive is by the legislative.

These three powers should naturally form a state of rest or inaction: but, as there is a necessity for movement in the course of human affairs, they are forced to move, but still in concert.

똑같은 사람이나, 귀족집단이든 인민집단이든 동일한 집단이 이러한 3개의 권력, 즉 법을 만드는 권력, 공적 결의를 집행하는 권력 그리고 범죄나 개인들의 분쟁을 재판하는 권력을 행사한다면 모든 것을 잃게 될 것이다. (중략)

우리가 다루고 있는 근본적인 헌정은 이러하다. 입법권력은 두 개의 부분으로 구성되어 있어, 상호 간 거부권에 의해서 하나가 다른 하나에 의해 견제받는다. 이 두 개는 다시 집행권력에 의해서 통제되고 이 집행권력 그 자체는 다시 입법권력에 의해서 통제된다.

이 3개의 권력은 휴지(rest) 또는 비활성(inaction) 상태에 자연스럽게 빠질 수 있다. 그러나 이 권력들은 필연적으로 움직일 수밖에 없기 때문에 억지로라도, 그렇지만 여전히 조화롭게 움직일 것이다.

제
13
장

루소의 『사회계약론』

루소 초상화

출처: Wikimedia commons

파리 팡테옹에 안치된 루소의 무덤

출처: Shutterstock

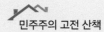

민주주의 고전 산책

"우리는 입법권력이 인민에게 속하며 오로지 그들에게만 속할 수 있다는 것을 보았다. 그와 반대로 행정권력은 입법 기관이나 주권체로서의 역할을 하는 인민전체에 속할 수 없다는 것을 앞서 세운 원칙에 의거해 쉽게 알 수가 있다(장 자크 루소)."

장 자크 루소(Jean-Jacques Rousseau, 1712~1778)

　　장 자크 루소는 1712년 6월 28일, 스위스 제네바에서 태어났다. 아버지는 시계 제조업자 가문 출신이고, 외할아버지 또한 시계 제조업에 종사했는데, 상당한 부를 소유한 집안이었다. 어머니는 그를 낳은 지 9일 만에 고열로 앓다가 숨을 거두었다.

　　아버지는 다혈질에 고집이 센 성격이었는데, 1722년 퇴역 장교와 시비가 붙어 그만 그 장교를 해치고 말았다. 그는 고소를 당하자 다른 도시로 도망을 가버리고 만다. 루소는 열 살의 나이에 어머니도 아버지도 없이 기술자였던 외삼촌에게 맡겨졌다. 그리고 외사촌과 목사 집의 기숙생으로 살게 된다. 2년 후 다시 제네바로 돌아와 외가에 살며 루소는 수습 서기와 조각 견습공 등을 하며 지냈다.

　　1728년 3월, 열 여섯 살 루소는 성 밖에 나갔다 돌아오다가 도시 출입문이 폐쇄된 것을 발견하고 그 자리에서 제네바를 떠나 안시(Annecy)로 갔다. 그곳에서 그는 당시 스물아홉 살이었던 스위스의 귀족부인(Françoise-Louise de Warens)을 소개받아 10년간 그녀와 함께 살게 된다. 그는 그녀의 제자였던 동시에 애인이었고, 서로를 '엄마(maman)' 그리고 '아가'로 칭했다. 그녀의 영향으로 그는 카톨릭 세례를 받고, 후일 다시 칼빈교로 돌아가는 1754년, 42세까지 가톨릭교도로 살았다.

　　이후 그는 떠돌이 음악가로서 전전하다가 1741년에 파리에 도착해 동갑내기 디드로를 알게 되었고, 절친한 사이가 되었다. 그는 1749년 뱅센 감옥에 투옥되어 있던 디드로를 만나러 가는 길에 잠깐 휴식을 취하며 『메르퀴르 드 프랑스』지를 읽던 도중 디종아카데미가 '학문과 예술의 부흥은 풍속을 순화하는 데 기여했는가?'라는 주제로 낸 현상 논문 공고를 보고 공모전에 참여해 일등상을 수상했다. 1753년 그는 다시 한 번 디종아카데미의 논문 공모전에 참여하는데, 이번에는 수상하지 못했다. 이 때 주제는 '인간 불평등의 기원은 무엇이며, 그 불평등은 자연법에 의해 허락될 수 있는가'였다. 이 논문은 1755년 『인간 불평등 기원론』으로 출판되었다.

　　그는 중년에 접어들어 더욱 저작 활동을 활발히 해 유명세를 타기 시작했지만, 그에 대한 박해 또한 시작되었다. 루소의 주장은 내놓는 것마다 당대의 사상적 조류에서는 볼 수 없었던 파격적인 것이었기 때문이다. 특히 『사회계약론』과 함께 『에밀』은 판매 금지 처분이 내려졌고 프랑스와 제네바 정부에서 그에게 구속영장이 발부되어 도망자 신세가 되기도 했다. 이후 프로이센에 정착 후 다시 데이비드 흄의 도움을 받아 영국으로 건너가 생활하다 그와 관계가 틀어지며 다시 프랑스로 돌아와 말년을 보내다 파리 교외에서 66세에 사망했다. 그는 특이하게도 자신의 저작 중 교육서인 『에밀』을 가장 아끼었지만 호텔 세탁부였던 여인과 낳은

5명의 아이를 돈이 없다는 이유로 모두 고아원에 보내 버리기도 했다.

이 편집서에 싣고 있는 『사회계약론』은 정치공동체와 정부를 개념적으로 구분하고 있다는 점에서 중요한 의미를 가지고 있다. 정치공동체는 일반의지 자체를 지니고 있으며 이러한 일반의지의 발현이 곧 법이고 이러한 일반의지는 오로지 정치공동체를 구성한 인민에게만 귀속된다. 이에 반해 정부는 일반의지가 아니라 특수의지를 실행하는 기관이며 법을 개별 사례에 적용하는 행위를 한다. 민주정, 귀족정, 군주정 혹은 혼합정은 일반의지와 무관하며 이러한 구분은 특수의지의 집행방식 혹은 집행 주체의 차이에 달려있다. 여기서는 제1권, 제2권, 제3권의 일부를 각각 소개하고 있는데, 영문 번역문은 *The Social Contract and Discourses, trans. by G. D. H. Cole*(London: J. M. Dent, 1761)에 기초하고 있다. 전체 영문 번역본은 The Online Library of Liberty에서 볼 수 있다.

참고문헌

게오르크 홀름스텐, 한미희 역. 1997. 『루소』. 한길사: 서울.

로버트 워클러, 이종인 역. 2001. 『루소』. 시공사: 서울.

루소, 홍승오 역. 2016. 『참회록』. 동서문화사: 서울.

BOOK I
Chapter 6 The Social Compact

I suppose men to have reached the point at which the obstacles in the way of their preservation in the state of nature show their power of resistance to be greater than the resources at the disposal of each individual for his maintenance in that state. That primitive condition can then subsist no longer; and the human race would perish unless it changed its manner of existence.

But, as men cannot engender new forces, but only unite and direct existing ones, they have no other means of preserving themselves than the formation, by aggregation, of a sum of forces great enough to overcome the resistance. These they have to bring into play by means of a single motive power, and cause to act in concert.

This sum of forces can arise only where several persons come together: but, as the force and liberty of each man are the chief instruments of his self-preservation, how can he pledge them without harming his own interests, and neglecting the care he owes to himself? This difficulty, in its bearing on my present subject, may be stat-

제1권
제6장 사회적 계약

자연상태에서 사람들이 개인적으로 생존하기 위해 동원할 수 있는 힘들보다 생존에 해로운 장애물들의 힘이 더 압도적인 지경에 이르게 되었다고 가정해보자. 이런 경우라면, 그러한 원초적인 상태는 더 이상 지속할 수가 없고, 인류는 자신의 생존방식을 변경하지 않으면 소멸할 것이다.

사람들은 새로운 힘을 만들어낼 수 없고 단지 기존에 있던 힘들을 하나로 묶어서 운용할 수밖에 없기 때문에, 그들은 장애물을 압도할 수 있도록 일정한 힘들을 응집한 다음에 이 합친 힘들을 단 하나의 권력체를 매개로 해 운영하고 단결해 행동하는 것 이외에는 자기보존을 위한 다른 어떤 수단도 가지고 있지 않다.

이렇게 합쳐진 힘은 많은 이들의 협력이 없이는 나올 수가 없다. 그러나 각자의 힘과 자유는 자신의 생존을 위한 제일 중요한 수단이기 때문에, 그는 어떻게 하면 자신을 제대로 돌보면서도 자신에 해가 되지 않게 이 수단들을 사용할 수 있는가? 이러한 난제는 나의 주제에 비추어보면 다음과 같이 표현될 수 있다.

ed in the following terms—

"The problem is to find a form of association which will defend and protect with the whole common force the person and goods of each associate, and in which each, while uniting himself with all, may still obey himself alone, and remain as free as before." This is the fundamental problem of which the Social Contract provides the solution.

(…)

These clauses, properly understood, may be reduced to one—the total alienation of each associate, together with all his rights, to the whole community; for, in the first place, as each gives himself absolutely, the conditions are the same for all; and, this being so, no one has any interest in making them burdensome to others.

Moreover, the alienation being without reserve, the union is as perfect as it can be, and no associate has anything more to demand.

(…)

Finally, each man, in giving himself to all, gives himself to nobody; and as there is no associate over whom he does not acquire the same right as he yields others over himself, he gains an equivalent for everything he loses, and

"각 구성원의 인격과 재산을 공동의 전체 힘으로 방어하고 보호해주는 형태의 결사체이면서 각자가 다른 사람들과 힘을 합쳤지만 여전히 자기 자신에게만 복종하며 그 이전과 같이 자유롭게 지낼 수 있는 결사체를 찾아라." 이것이 사회적 협약을 통해 해답을 찾아야 하는 근본적인 과제이다.

(중략)

이 조항들을 제대로 이해한다면 단 한마디로 요약될 수 있는데, 그것은 공동체 전체로의 각 구성원의 총체적 양도(alienation)이고 이때 그의 모든 권한들도 함께 양도된다. 우선, 각자가 자신을 통째로 주기 때문에 모든 이에게 조건은 동등하고, 조건이 모든 이에게 동등하기 때문에 어느 누구도 나머지 다른 누구에게도 부담스러운 조건을 만들 생각을 하지 않는다.

더군다나, 그 양도는 단서조항이 없이 이루어지는 것이기 때문에, 결합은 가장 완벽하며, 각 구성원은 추가로 더 이상 어떤 것도 요구할 것이 없게 된다.

(중략)

마지막으로, 각자는 자신을 모두에게 주게 되면서 자기를 어느 누구에게도 주지 않게 된다. 그리고 그가 자신에 대한 권리를 다른 사람들로 하여금 갖도록 하면 동일한 권리를 자신도 다른 구성원에 대해서 반드시 갖게 되면서 그는 자신이

an increase of force for the preservation of what he has.

If then we discard from the social compact what is not of its essence, we shall find that it reduces itself to the following terms—

"Each of us puts his person and all his power in common under the supreme direction of the general will, and, in our corporate capacity, we receive each member as an indivisible part of the whole."

At once, in place of the individual personality of each contracting party, this act of association creates a moral and collective body, composed of as many members as the assembly contains votes, and receiving from this act its unity, its common identity, its life and its will. This public person, so formed by the union of all other persons, formerly took the name of *city*, and now takes that of *Republic* or *body politic*; it is called by its members State when passive, *Sovereign* when active, and *Power* when compared with others like itself. Those who are associated in it take collectively the name of *people*, and severally are called *citizens*,

잃게 되는 것과 동등한 것을 모두 얻게 되고 그와 동시에 자신이 가진 것을 지킬 수 있는 힘은 더 강해지게 된다.

그래서 만약에 사회적 협약에서 가장 기본적인 것을 빼고 전부 제거하고 나면, 그것은 다음과 같은 말로 요약될 수 있다.

"우리 각자는 자신의 인격과 모든 힘을 일반의지의 최고영도 하에 공동으로 맡겨둔다. 그렇게 하나가 된 우리는 각 구성원을 전체의 불가분의 일부로 받아들이게 된다."

동시에, 이 결사의 행위로 인해 각 계약 당사자의 개인적인 인격 대신에, 회합체에 있는 투표의 수만큼 많은 구성원들로 이루어진 도덕적이고 집단적인 단체가 만들어지게 된다. 마찬가지 행위로 인해 이 단체는 스스로 단일성(unity), 공통의 정체성, 자기 생명과 의지를 지니게 된다. 그렇게 다른 모든 이들의 결합으로 형성되는 이 공적인 인격체는 과거에는 도시국가(city)라는 이름으로 불리었고 요즘에는 공화국(republic) 혹은 정체(body politic)라는 이름으로 불린다. 이것은 수동적일 때 구성원들에 의해 국가라고 불리며, 그것이 능동적일 때 주권자 혹은 주권체라고 불린다. 그것은 또한 자신과 동일한 다른 공화국들과 대비될 때는 정권 혹은 세력(power)이라고 불린다. 각 구성

as sharing in the sovereign power, and *subjects*, as being under the laws of the State. But these terms are often confused and taken one for another.

원에 대해서 말하자면, 그들을 집단적으로 묶어서 부를 때는 인민(people)이라고 하며, 개인적으로 부를 때 그들이 주권의 참여자라는 면에서 시민(citizens)이라고 불리고 국가의 법의 지배를 받는다는 측면에서는 피지배자(혹은 백성, subjects)라고 불린다.

BOOK II

Chapter 1 That Sovereignty is Inalienable

I hold then that Sovereignty, being nothing less than the exercise of the general will, can never be alienated, and that the Sovereign, who is no less than a collective being, cannot be represented except by himself: the power indeed may be transmitted, but not the will.

Chapter 2 That Sovereignty is Indivisible

Sovereignty, for the same reason as makes it inalienable, is indivisible; for will either is, or is not, general; it is the will either of the body of the people, or only of a part of it. In the first case, the will, when declared, is an act of Sovereignty and constitutes law: in the second, it is merely a particular will, or act of magistracy—at the most a decree.

Chapter 6 LAW

By the social compact we have given the body politic existence and life; we have now by legislation to give it movement and will. For the original act by which the body is formed and united still in no respect determines what it ought to do for its preservation. (…)

제2권

제1장 주권은 양도 불가하다

주권은 단순히 일반의지의 행사에 불과하기 때문에, 그것은 절대로 양도될 수 없으며, 주권체는 집단적인 존재에 불과하기 때문에 자신 이외에 다른 어떤 것에 의해서도 대표될 수가 없다. 권력은 완벽하게 제대로 이전될 수 있지만, 의지는 그렇지 못하다.

제2장 주권은 나누어질 수 없다

주권은 양도될 수 없는 것과 같은 이유로 나누어질 수 없다. 왜냐하면 의지는 일반적이거나 아니거나 둘 중 하나이기 때문이다. 그것은 전체로서의 인민의 의지이거나 단지 그것의 일부분의 의지이다. 전자의 경우 공표된 의지는 주권체의 행위이고 법을 구성한다. 후자의 경우에는 그것은 단지 사적인 의지이거나 집행직의 행위에 불과하며 기껏해야 그것은 행정명령일 뿐이다.

제6장 법

사회적 협약을 통해 정체는 존재와 생명을 갖게 된다. 이제 문제는 그것이 입법을 통해 움직이도록 하고 의지를 갖도록 하는 것이다. 사회적 협약이라는 태초의 행위로 인해 이 단체가 만들어지고 결합되더라도 그 행위 자체는 여전히 이 단체가 자기를 보전하기 위해 무엇을 해야만

But what, after all, is a law? (⋯) I have already said that there can be no general will directed to a particular object. Such an object must be either within or outside the State. If outside, a will which is alien to it cannot be, in relation to it, general; if within, it is part of the State, and in that case there arises a relation between whole and part which makes them two separate beings, of which the part is one, and the whole minus the part the other. But the whole minus a part cannot be the whole; and while this relation persists, there can be no whole, but only two unequal parts; and it follows that the will of one is no longer in any respect general in relation to the other.

But when the whole people decrees for the whole people, it is considering only itself; and if a relation is then formed, it is between two aspects of the entire object, without there being any division of the whole. In that case the matter about which the decree is made is, like the decreeing will, general. This act is what I call a law.

하는지에 관해 어떤 결정도 내려주는 것이 아니다. (중략)

그럼 법이란 무엇인가? (중략) 나는 이미 이야기 하기를, 하나의 특수한 대상에 관해서는 일반의지란 있을 수 없다고 했다. 이러한 대상은 국가 내에 있거나 외부에 있을 수 있다. 만약에 이 대상이 외부에 있다면 국가에 외적인 의지는 국가와 관련하여 일반적일 수 없다. 그리고 만약에 이 대상이 국가 내에 있다면, 그 대상은 국가의 부분이고 그런 경우, 전체와 그것의 부분 사이에 관계가 형성되는데, 이들은 서로 별개인 두 개의 존재이고 그 중 하나는 부분이고 다른 하나는 바로 그 부분을 빼고 남은 전체이다. 그러나 부분이 빠진 전체는 전체가 아니고, 이러한 관계가 성립하는 한, 더 이상 전체는 존재하지 않고 오히려 두 개의 불균등한 부분만 존재하게 된다. 그리해 전자의 의지는 후자와 관련해 더 이상 일반적이지 않다.

그러나, 전체 대중이 전체 대중에 관해 포고할 때, 그것은 오로지 자기 자신만을 염두에 두고 있다. 그런 경우에 어떤 관계가 성립한다면, 그것은 어떠한 분할도 없이 두 개의 다른 시각에서 바라본 전체의 두 가지 면 사이의 관계이다. 이런 경우 포고령이 다루는 주제 혹은 대상은 그것을 입안하는 의지처럼 일반적이다. 그리고 바로 이러한 법안(act)을 나는 법이라고 부른다.

When I say that the object of laws is always general, I mean that law considers subjects *en masse* and actions in the abstract, and never a particular person or action. Thus the law may indeed decree that there shall be privileges, but cannot confer them on anybody by name. It may set up several classes of citizens, and even lay down the qualifications for membership of these classes, but it cannot nominate such and such persons as belonging to them; (…)

Laws are, properly speaking, only the conditions of civil association. The people, being subject to the laws, ought to be their author: the conditions of the society ought to be regulated solely by those who come together to form it. But how are they to regulate them? Is it to be by common agreement, by a sudden inspiration? Has the body politic an organ to declare its will? Who can give it the foresight to formulate and announce its acts in advance? Or how is it to announce them in the hour of need? How can a blind multitude, which often does not know what it wills, because it rarely knows what is good for it, carry out for

내가 법의 대상이 항상 일반적이라고 말할 때 염두에 두고 있는 것은 법이 피치자들을 일괄적으로 다루고 추상적인 행동들을 다룬다는 것이다. 법은 절대로 한 명의 개인이나 특수한 행동을 다루지 않는다. 그리해 법은 특권을 부여하는 법안을 아무런 문제없이 완벽하게 만들 수 있지만 어느 누구의 이름을 거명하면서 특권을 부여할 수는 없다. 법은 시민들을 여러 부류로 나눌 수 있고, 심지어 이러한 부류에 들어가는 자격을 결정하는 기준들을 명시할 수도 있다. 그러나 그것은 그러한 부류에 들어갈 특정한 사람들을 거명할 수는 없다. (중략)

엄격하게 말하면, 법은 시민 결사(civil association)의 조건일 뿐이다. 법에 종속되는 대중은 법의 작성자가 되어야만 한다. 사회의 조건을 설정하는 일은 서로 간에 결사체를 맺고 있는 사람들 이외에 다른 누구에게도 주어져서는 안 된다. 그러나 어떻게 그들이 이러한 조건을 설정할 것인가? 그것은 공통의 의견 일치에 의해서 할 것인가? 아니면 갑작스런 영감에 의할 것인가? 정체는 자신의 의지가 무엇인지를 알리기 위한 기구를 가지고 있는가? 어떻게 자신에게 좋은 것이 무엇인지 아주 드물게만 아는 눈먼 다수가 종종 자신이 무엇을 원하는지도 모르는데도 자기 스스로 입법시스템 마련과 같은 위대하고 어려운 작업을 수행할 수 있을 것인가? 대

itself so great and difficult an enterprise as a system of legislation? Of itself the people wills always the good, but of itself it by no means always sees it. The general will is always in the right, but the judgment which guides it is not always enlightened. It must be got to see objects as they are, and sometimes as they ought to appear to it; it must be shown the good road it is in search of. (…) This makes a legislator necessary.

Chapter 7 The Legislator

The legislator occupies in every respect an extraordinary position in the State. If he should do so by reason of his genius, he does so no less by reason of his office, which is neither magistracy, nor Sovereignty. This office, which sets up the Republic, nowhere enters into its constitution; it is an individual and superior function, which has nothing in common with human empire; for if he who holds command over men ought not to have command over the laws, he who has command over the laws ought not any more to have it over men. (…)

He, therefore, who draws up the laws has, or should have, no right of legislation, and the people cannot,

중은 자연스럽게 항상 좋은 것을 원한다. 그러나 그들은 저절로 그것이 무엇인지 항상 알아채지는 못한다. 일반의지는 항상 옳지만 그것을 인도하는 판단은 항상 계명되어 있지 않다. 대중은 대상들을 있는 그대로 보도록 지도받아야만 하고, 때로는 그들에게 보여야만 하는 대로 대상을 보도록 반드시 인도되어야만 한다. 대중이 추구해야 하는 좋은 길이 무엇인지 그들에게 제시돼야만 한다. (중략) 바로 이런 점 때문에 입법가를 둘 필요가 있다.

제7장 입법가

입법가는 국가에서 모든 면으로 볼 때 범상치 않은 사람이다. 그는 천재적인 재능에서 그래야만 할 뿐만 아니라, 그의 직위 상으로도 또한 그러하다. 그의 직위는 집행과 관련된 것도 아니고 주권의 문제도 아니다. 이 자리는 공화국을 만들지만 그 헌법에 포함되지 않는다. 그것은 사람들에 대한 지배와는 아무런 상관이 없고 특별하고 초월적인 기능을 가진다. 왜냐하면 만약에 사람들을 지배하는 사람이 법에 대한 지배권을 가지지 말아야 한다면, 법을 지배하는 사람은 더 이상 사람들에 대한 지배권을 가지지 말아야 하기 때문이다. (중략)

법의 조문을 짜는 사람은 그래서 어떠한 입법권한도 가지지 않거나 가지지 말아야 한다. 대중은 설사 원한다고 해도,

even if it wishes, deprive itself of this incommunicable right, because, according to the fundamental compact, only the general will can bind the individuals, and there can be no assurance that a particular will is in conformity with the general will, until it has been put to the free vote of the people.

이 양도불가의 권리[즉 입법권한]를 스스로 버릴 수 없다. 왜냐하면 근본적인 협약에 따르면, 단지 일반의지만이 사적인 개인들을 구속할 것이고 사적인 의지가 일반의지와 일치하는지 아닌지는 인민의 자유로운 투표에 회부되어 확인될 때까지는 절대로 확신할 수 없기 때문이다.

BOOK III
Chapter 1 Government in General

We have seen that the legislative power belongs to the people, and can belong to it alone. It may, on the other hand, readily be seen, from the principles laid down above, that the executive power cannot belong to the generality as legislature or Sovereign, because it consists wholly of particular acts which fall outside the competency of the law, and consequently of the Sovereign, whose acts must always be laws.

The public force therefore needs an agent of its own to bind it together and set it to work under the direction of the general will, to serve as a means of communication between the State and the Sovereign, and to do for the collective person more or less what the union of soul and body does for man. Here we have what is, in the State, the basis of government, often wrongly confused with the Sovereign, whose minister it is.

What then is government? An intermediate body set up between the subjects and the Sovereign, to secure their mutual correspondence, charged with the execution of the laws and the

제3권
제1장 정부 일반

우리는 입법권력이 인민에게 속하며 오로지 그들에게만 속할 수 있다는 것을 보았다. 그와 반대로 행정권력은 입법 기관이나 주권체로서의 역할을 하는 인민 전체에 속할 수 없다는 것을 앞서 세운 원칙에 의거해 쉽게 알 수가 있다. 왜냐하면 이 권력은 법의 권한 내에 있지 않고 결과적으로 어떤 행위도 법이 될 수밖에 없는 주권체의 권력에 포함되지 않는 특수한 행위들만으로 구성되어 있기 때문이다.

그래서 공권력은 그 자신의 대행인(agent)을 두고 있어야만 한다. 이 대행인은 그것을 통일적으로 운영하고 일반의지의 지시와 일치하게 작동하도록 만들고, 국가와 주권체 사이에 소통의 수단으로 작용하고, 사람에게서 영혼과 신체의 결합으로 성취하는 것과 거의 같은 것을 공적인 인격체에서 성취하도록 한다. 이런 이유로 인해 국가에는 정부가 있는 것이다. 하지만 종종 이 정부는 주권체와 아주 심하게 혼동되는데 그것은 주권체의 집행인일 뿐이다.

그러면 정부란 무엇인가? 그것은 피치자들과 주권체 사이에서 상호 소통을 위해서 설립된 중간 조직이다. 그리고 법의 집행을 담당하며 시민적인 자유와 정치적 자유를 동시에 보전하는 역할을 맡고

maintenance of liberty, both civil and political. (…) I call then *government*, or supreme administration, the legitimate exercise of the executive power, and prince or magistrate the man or the body entrusted with that administration.

Chapter 2 The Constituent Principle in the Various Forms of Goverment

We must here distinguish between government and its prince, as we did before between the State and the Sovereign. The body of the magistrate may be composed of a greater or a less number of members. We said that the relation of the Sovereign to the subjects was greater in proportion as the people was more numerous, and, by a clear analogy, we may say the same of the relation of the government to the magistrates.

But the total force of the government, being always that of the State, is invariable; so that, the more of this force it expends on its own members, the less it has left to employ on the whole people. The more numerous the magistrates, therefore, the weaker the government.

있다. (중략) 나는 행정권력의 정당한 행사를 통치(government) 혹은 최고의 행정이라고 부르고, 그 집행을 담당하는 조직이나 사람을 군주 혹은 집행관이라고 부른다.

제2장 다양한 형태의 정부를 구성하는 원칙

앞서 국가와 정부를 구분했듯이 군주와 정부를 여기서는 구분해야만 한다. 집행관들의 조직체는 많거나 적은 수의 구성원으로 만들어질 수 있다. 주권체와 피치자들의 비율은 인민의 수가 더 증가할수록 그에 비례해 커진다고 말했다. 아주 유사하게, 우리는 정부와 집행관들과의 관계에 대해서도 똑같이 말할 수 있다.

정부 강제력의 총합은 항상 국가의 그것과 동일하기 때문에, 그것은 변하지 않는다. 그리해, 정부가 자신이 가진 강제력을 자기 자신의 구성원들에게 더 많이 사용하면 할수록, 전체 대중을 위해서 사용할 수 있는 강제력은 그만큼 덜 남아 있게된다. 그래서 집행관들의 수가 더 많을수록, 정부는 더 허약해진다.

Chapter 3 The Division of Governments

We saw in the last chapter what causes the various kinds or forms of government to be distinguished according to the number of the members composing them: it remains in this to discover how the division is made.

In the first place, the Sovereign may commit the charge of the government to the whole people or to the majority of the people, so that more citizens are magistrates than are mere private individuals. This form of government is called democracy.

Or it may restrict the government to a small number, so that there are more private citizens than magistrates; and this is named aristocracy.

Lastly, it may concentrate the whole government in the hands of a single magistrate from whom all others hold their power. This third form is the most usual, and is called monarchy, or royal government.

It should be remarked that all these forms, or at least the first two, admit of degree, and even of very wide differences; for democracy may include

제3장 정부의 분류

앞의 장에서 우리는 왜 다양한 정부의 종류나 형식이 그것을 구성하고 있는 구성원들의 수에 의해서 구분되는지를 알아보았다. 이제 이 장에서는 어떻게 이러한 분류가 이루어지는지를 살펴볼 참이다.

첫째, 주권체는 정부를 전체 인민에게나 인민의 다수에게 위임할 수 있다. 이 경우에는 평범한 사적인 시민들보다 집행관인 시민들이 더 많다. 이런 형식의 정부에 민주정이라는 이름이 부여된다.

혹은 그것은 정부를 소수의 사람들에게 제한할 수 있다. 이런 경우 평범한 시민들이 집행권들보다 많고 이런 형식의 정부를 귀족정이라고 부른다.

마지막으로 그것은 전체 정부를 단 한 명의 집행관의 수중에 둘 수 있고 다른 모든 사람들은 그로부터 권력을 부여받을 수 있다. 이 세 번째 형태가 가장 흔하고 군주정 혹은 왕정으로 불린다.

주목해야 할 사항은 이 모든 형태들 혹은 적어도 첫 두 개는 정도의 차이에 따라서 다를 수 있고 심지어 꽤 다양한 범주의 형태들이 존재할 수 있다는 것이다. 왜냐

the whole people, or may be restricted to half. Aristocracy, in its turn, may be restricted indefinitely from half the people down to the smallest possible number. Even royalty is susceptible of a measure of distribution. Sparta always had two kings, as its constitution provided; and the Roman Empire saw as many as eight emperors at once, without it being possible to say that the Empire was split up. Thus there is a point at which each form of government passes into the next, and it becomes clear that, under three comprehensive denominations, government is really susceptible of as many diverse forms as the State has citizens.

There are even more: for, as the government may also, in certain aspects, be subdivided into other parts, one administered in one fashion and one in another, the combination of the three forms may result in a multitude of mixed forms, each of which admits of multiplication by all the simple forms.

There has been at all times much dispute concerning the best form of government, without consideration of the fact that each is in some cases the best, and in others the worst.

하면 민주정은 전체 대중을 포함할 수도 있고 그 절반으로 국한될 수도 있기 때문이다. 귀족정의 경우 그것은 인민의 절반에서부터 가장 적은 수에 이르기까지 무한정으로 점점 내려가면서 제한될 수 있다. 심지어 왕정 역시 다양함을 보여줄 수 있다. 스파르타는 항상 두 명의 왕을 가지고 있었는데 이것은 헌법에 따른 것이다. 그리고 로마제국은 최대 8명의 황제를 한 번에 가졌던 것으로 알려져 있다. 하지만 제국이 분열되었다고 말할 수는 없다. 그래서 각각의 정부 형태들이 그 다음 것과 구분이 불가능하게 되는 어떤 지점이 있다. 명백하게도, 단지 세 개의 이름만 존재하지만 정부는 국가가 가지고 있는 시민의 수만큼 많은 형태가 있을 수 있다.

더군다나, 어떤 면들에서 보면, 동일한 정부가 여러 부분들로 분해되어 한 부분은 이런 식으로 운영이 되고 다른 부분은 다른 식으로 운영이 될 수 있기 때문에, 이러한 3개의 형태들의 조합으로부터 수많은 혼합형태가 나올 수 있다. 그리고 이러한 혼합정 각각은 다시 모든 단순형태들에 의해서 곱한 만큼 증가할 수 있다.

어떤 정부가 최선인가를 두고 항상 엄청난 논쟁이 있어왔다. 하지만 각각의 정부는 어떤 상황에서는 최고이지만 다른 상황에서는 최악이다.

Chapter 4 Democracy

If we take the term in the strict sense, there never has been a real democracy, and there never will be. It is against the natural order for the many to govern and the few to be governed. It is unimaginable that the people should remain continually assembled to devote their time to public affairs, and it is clear that they cannot set up commissions for that purpose without the form of administration being changed.

In fact, I can confidently lay down as a principle that, when the functions of government are shared by several tribunals, the less numerous sooner or later acquire the greatest authority, if only because they are in a position to expedite affairs, and power thus naturally comes into their hands.

Besides, how many conditions that are difficult to unite does such a government presuppose! First, a very small State, where the people can readily be got together and where each citizen can with ease know all the rest; secondly, great simplicity of manners, to prevent business from multiplying and raising thorny problems; next, a large measure of equality in rank and for-

제4장 민주정

용어를 엄격하게 이해한다면, 진정한 민주정은 결코 존재한 적이 없었고 앞으로도 없을 것이다. 다수가 통치하고 소수가 통치받는 것은 자연의 질서에 반하는 것이다. 인민이 공적인 문제를 다루기 위해 끊임없이 소집되어 있을 것이라고 상상하기는 불가능하다. 그리고 이런 목적을 위해서 권한대행위원회(commissions)를 설치하게 된다면 행정 형태가 바뀌지 않을 수 없을 것임은 아주 명백하다.

사실, 나는 정부의 기능들이 여러 개의 트리뷰널(tribunal, 집행위)에 공유될 때, 가장 적은 구성원들로 이루어진 트리뷰널들이 얼마 있지 않아 가장 많은 권력을 가지게 된다는 것을 하나의 원칙으로 설정할 수 있다고 믿는다. 그 이유는 다름이 아니라 공적인 업무를 추진하는 용이함으로 인해 이런 현상이 자연스럽게 발생하기 때문이다.

게다가, 이 정부는 병립하기 어려운 얼마나 많은 여건들을 전제조건으로 삼고 있는가? 첫째, 인민이 쉽게 모일 수 있고 각 시민이 쉽게 다른 모든 시민들을 알아볼 수 있는 아주 작은 국가. 둘째, 공적인 업무와 골치 아픈 토론이 많아지는 것을 막는 아주 단순한 관습들. 셋째, 권리와 권위에서의 평등이 오랜 기간 지속되는 데 필요한 고도로 평등한 지위와 재산. 마지막으로 사치가 전혀 없거나 거의 없

tune, without which equality of rights and authority cannot long subsist; lastly, little or no luxury—for luxury either comes of riches or makes them necessary; it corrupts at once rich and poor, the rich by possession and the poor by covetousness; it sells the country to softness and vanity, and takes away from the State all its citizens, to make them slaves one to another, and one and all to public opinion.

This is why a famous writer has made virtue the fundamental principle of Republics; for all these conditions could not exist without virtue. But, for want of the necessary distinctions, that great thinker was often inexact, and sometimes obscure, and did not see that, the sovereign authority being everywhere the same, the same principle should be found in every well-constituted State, in a greater or less degree, it is true, according to the form of the government.

It may be added that there is no government so subject to civil wars and intestine agitations as democratic or popular government, because there is none which has so strong and continual a tendency to change to another form, or which demands more vigilance and

을 것. 왜냐하면 사치는 부유함의 결과이거나 부유함을 필요로 하기 때문이다. 사치는 부자와 가난한 자를 동시에 부패하게 만드는데, 하나는 소유욕에 의해서 다른 하나는 시기심이 동반한 탐욕에 의해서 그러하다. 사치는 조국을 허영과 유약함에 빠지게 한다. 사치는 국가로부터 모든 시민을 빼앗아가 이들을 서로 노예로 만들고 모두를 여론의 노예로 만들어 버릴 것이다.

이런 이유로 유명한 저자는 덕목을 공화국의 원칙으로 내세웠다. 왜냐하면 이런 모든 여건들은 덕목이 없이는 지속되기가 불가능하기 때문이다. 그러나 그는 필요한 구분을 제대로 하지 못했기 때문에, 이 위대한 천재는 종종 정확성이, 때로는 명확함이 결여되어 있었다. 그리고 그는 주권이 어디에서나 같기 때문에 동일한 원칙이, 비록 정부의 형태에 따라서 사실 다소 정도의 차이는 있을지라도, 모든 잘 만들어진 국가에 적용돼야만 한다는 것을 깨닫지 못했다.

추가로 말하자면, 어떤 정부도 민주적 정부나 대중적 정부만큼 내란과 내부 선동에 더 시달린 적이 없다. 왜냐하면, 민주정만큼 형태를 끊임없이 바꾸려는 성향을 강하게 가지고 있거나 자체 형태를 유지하기 위해서 더 많은 경계심과 용기를 필요로 하는 정부도 존재한 적이 없기 때

courage for its maintenance as it is. Under such a constitution above all, the citizen should arm himself with strength and constancy, and say, every day of his life, what a virtuous Count Palatine said in the Diet of Poland: *Malo periculosam libertatem quam quietum servitum.* [Better to have liberty fraught with danger than servitude in peace]

Were there a people of gods, their government would be democratic. So perfect a government is not for men.

Chapter 7 Mixed Government

Strictly speaking, there is no such thing as a simple government. An isolated ruler must have subordinate magistrates; a popular government must have a head. There is therefore, in the distribution of the executive power, always a gradation from the greater to the lesser number, with the difference that sometimes the greater number is dependent on the smaller, and sometimes the smaller on the greater.

Chapter 15 Deputies or Representatives

Sovereignty, for the same reason as makes it inalienable, cannot be repre-

문이다. 무엇보다도, 이 헌법 아래서 시민은 지조(constancy)와 무력으로 스스로를 무장해야만 하고 그의 일생 내내 매일 진심으로 우러나오는 소리로, 어느 덕망높은 폴란드 왕의 아버지가 의회에서 말한 바와 같이, "노예로 평화롭게 사느니 위험하지만 자유롭게 지내는 것이 낫다"라고 읊조려야만 한다.

만약에 신들로 이루어진 인민집단이 있다면, 그것은 민주적으로 통치될 것이다. 그렇게 완벽한 정부는 인간에게 어울리지 않는다.

제7장 혼합정부

엄격하게 말하면, 단순한 형태의 정부라는 것은 존재하지 않는다. 단 한 명의 지도자도 손아래 집행관들을 데리고 있어야만 하고 대중적 정부도 한 명의 지도자가 필요하다. 그리해 행정권력의 분포를 보면 많은 수에서 적은 수까지 항상 단계적 변화가 있다. 다만 차이가 나는 것은 때때로 더 많은 수가 적은 수에 의존하고 다른 때에는 적은 수가 더 많은 수에 의존한다는 것이다.

제15장 대리인 혹은 대표자

주권은 양도될 수 없는 것과 같은 이유로 대표될 수도 없다. 그것은 기본적으로

sented; it lies essentially in the general will, and will does not admit of representation: it is either the same, or other; there is no intermediate possibility. The deputies of the people, therefore, are not and cannot be its representatives: they are merely its stewards, and can carry through no definitive acts. Every law the people has not ratified in person is null and void—is, in fact, not a law. (⋯)

Law being purely the declaration of the general will, it is clear that, in the exercise of the legislative power, the people cannot be represented; but in that of the executive power, which is only the force that is applied to give the law effect, it both can and should be represented.

일반의지에 존재하며 이 의지는 대표되는 것을 허용하지 않는다. 그것은 그 자체이거나 아니면 다른 어떤 것으로 변질되거나 둘 중 하나이다. 그 중간에 어떤 것도 존재하지 않는다. 인민의 대리인(deputies)은 그래서 인민의 대표자(representatives)가 아닐 뿐만 아니라 그렇게 될 수도 없다. 그들은 단지 그의 대행인(agents)일 뿐이다. 그들은 그 어떤 것도 단적으로 결론을 낼 수 없다. 인민이 직접 승인하지 않은 어떠한 법도 무효이다. 그것은 아예 법조차 아니다. (중략)

법은 단지 일반의지의 선언에 불과하기 때문에 인민은 입법권력과 관련해서는 대표될 수 없는 것이 분명하다. 그러나 인민은 법을 실행하는 강제력에 불과한 행정권력에 있어서는 대표될 수 있고 또한 대표돼야만 한다.

제
14
장

칸트의 『영구평화』

칸트 초상화

출처: Wikimedia commons

**칸트의 유해가 안치된
러시아 영토의 칼리닌그라드 성당**

출처: Shutterstock

민주주의 고전 산책

- 제2절 국가 간의 영구평화의 확정 조건들에 관해 Second Section which
  Contains the Definitive Articles of a Perpetual Peace between States

"공화헌정과 민주헌정은 흔히 혼동되는데 이것을 막기 위해 몇 마디 할 필요가 있다. 국가의 형태는 두 가지 원칙 중 어느 하나에 따라서 나누어질 수 있다: 하나는 국가에서 최고 권위를 가지고 있는 사람들이 다르다는 것이고 다른 하나는 지배자가 누구이든 그가 인민을 통치하는 방식이 다르다는 것이다. 전자는 주권의 형태로 부르는 것이 적합한데, 이런 기준에서는 단지 3개의 헌정만 존재할 수 있다. 즉, 최고의 권위가 단지 한 명에 속하거나 다 함께 통치하는 여러 명의 개인들에게 속하거나 시민사회를 구성하는 전체 인민에게 속할 수 있다. 그래서 군주가 주권을 가진 독재정(autocracy), 귀족이 주권을 가진 귀족정 그리고 인민이 주권을 가진 민주정이 있다. 두 번째 원칙은 통치(혹은 정부)의 형태이다. 그것은 국가가 자신의 최고 권력을 사용하는 방식을 말하는 것이다. 이 통치의 방식은 단순히 다수의 무리에 불과한 것을 국민으로 전환시키는 일반의지의 행위 그 자체인 헌법에 기초하고 있다. 이런 면에서 통치의 형태는 공화적이거나 전제적인 것으로 나누어진다. 공화주의는 정부의 집행권력을 입법권력과 분리하는 것을 정치적 원칙으로 삼는다. 전제주의는 [집행권력을 가진] 국가가 스스로 법도 만들고 그것의 발효도 자의적으로 하는 것을 원칙으로 삼는다. 결과적으로 여기서는 공적인 의지의 집행이 지배자의 사적인 의지에 따라 이루어진다. 국가의 3가지 형태 중에서 고유한 의미의 민주정은 필연적으로 전제주의이다(임마누엘 칸트)."

임마누엘 칸트(Immanuel Kant, 1724~1804)

임마누엘 칸트는 1724년 4월 22일 프로이센의 상업도시 쾨니히스베르크(현재의 러시아 칼리닌그라드)에서 마구를 제작하는 수공업자 집안에서 11명의 자녀 중 넷째로 태어났다. 그는 경건주의를 따르는 가정에서 성장했다.

그는 1732년 어머니와 친분 있던 신학자가 지도하던 사학교 프리드릭스 김나지움에 입학하고 1740년에 졸업했다. 같은 해 쾨니히스베르크의 대학에 입학해 논리학, 물리학과 수학을 포함한 철학을 공부하고 1746년 대학을 졸업했으나, 아버지가 사망함에 따라 학자금과 생계유지를 위해 수년에 걸쳐 지방 귀족가문의 가정교사 생활을 하면서 홀로 철학연구를 계속했다. 그러나 칸트는 곧 대학으로 돌아왔으며 1755년 6월 12일 박사학위를 받고 대학에서 여러 주제를 강의했다. 1766년에 생활비를 충당하기 위해 왕립도서관 사서로 취직해 1772년까지 근무하기도 했다. 그사이 칸트는 원하던 대로 쾨니히스베르크대학 철학 교수직을 얻었으며, 1780년대에 일련의 중요한 저서를 잇달아 발표하면서 점점 명성을 얻어 1786-8년에는 쾨니히스베르크대학의 총장에 선출되는 영예를 누렸다.

그는 한번도 쾨니히스베르크를 떠나지 않았으며, 알려진 것처럼 규칙적인 일상 생활을 영위하면서 강의와 사유에 전념했다. 평생 독신으로 살며 커피와 담배를 즐겼던 칸트는 1804년 2월 12일 새벽 4시, 80세로 생을 마감했다.

그는 18세기 철학에 있어 가장 절대적인 영향력을 끼친 인물로 평가받는다. 심지어 혹자는 철학을 칸트 이전의 철학과 이후의 철학으로 나눌 수 있다고 할 정도이다. 그럼에도 불구하고 일반적으로 그는 정치학 관련 저서를 집필하지 않은 것으로 알려져 있다. 하지만 그의 방대한 저술 중에 정치적인 문제를 다루는 글들이 몇몇 있는데 그중에 가장 널리 알려진 것이 이 편집서에 싣고 있는 『영구평화』이다. 일반적으로 알려져 있기로는 여기서 그는 민주주의 국가 간에는 전쟁이 일어나지 않는다고 주장했다고 하나, 실제로 그는 여기서 민주주의를 전제주의 체제로 비판하고 있다. 이 편집서에는 제2절(Second Section)의 첫 번째 확정 조항을 소개하고 있는데, 여기서의 영문 번역문은 *Kant's Principles of Politics: Including His Essay on Perpetual Peace & Contribution to Political Science*, trans. by W. Hastie (Edinburgh: T. & T. Clark, 1891)에 기초하고 있다. 전체 영문 번역본은 The Online Library of Liberty(https://oll.libertyfund.org)에서 찾아볼 수 있다.

참고문헌

WIKIPEDIA(wikipedia.org)

Second Section which Contains the Definitive Articles of a Perpetual Peace between States

I. First Definitive Article in the Conditions of Perpetual Peace: 'The civil constitution in every state shall be republican'

A Republican Constitution is one that is founded, firstly, according to the principle of the Liberty of the Members of a Society, as Men; secondly, according to the principle of the Dependence of all its members on a single common Legislation, as Subjects; and, thirdly, according to the law of the Equality of its Members as Citizens. The Republican Constitution is, thus, the only one which arises out of the idea of the Original Compact upon which all the rightful legislation of a people is founded. As regards public Right, the republican principles, therefore, lie originally and essentially at the basis of the Civil Constitution in all its forms; and the only question for us now is as to whether it is also the only Constitution that can lead to a Perpetual Peace?

Now, in point of fact, the Republican Constitution, in addition to the purity of its origin as arising from the original source of the conception of Right,

제2절 국가 간의 영구평화의 확정 조건들에 관해

I. 영구평화의 조건 중 첫 번째 확정조항: '각국의 시민헌정은 공화정이어야만 한다'

우선 공화정은 사회구성원들이 첫째 인간으로서 자유롭다는 원칙에 따라, 둘째 모두가 피지배자로서 하나의 공통 법률에 종속된다는 원칙에 따라, 셋째 구성원들이 시민으로서 평등하다는 원칙에 따라 세워진 헌정이다. 따라서 공화정은 모든 인민[국민]의 합법적인 입법의 기초가 되는 시원적 계약 개념에서 나온 유일한 헌정이다. 법[혹은 권리]에 관한 한, 그것은 모든 형태의 시민 헌정의 기초를 이루는 헌정이다. 여기서 우리에게 남은 유일한 의문은 그것이 또한 항구적인 평화를 가져다줄 수 있는 유일한 헌정인가 아닌가이다.

공화적 헌정은, 순수한(혹은 때문지 않은) 법(혹은 권리) 개념에서 유래했기 때문에 기원이 순수할 뿐만 아니라 우리가 바라는 결과, 즉, 영구평화를 성취할 가

includes also the prospect of realizing the desired object: Perpetual Peace among the nations. And the reason of this may be stated as follows.—According to the Republican Constitution, the consent of the citizens as members of the State is required to determine at any time the question, 'Whether there shall be war or not?' Hence, nothing is more natural than that they should be very loth to enter upon so undesirable an undertaking; for in decreeing it they would necessarily be resolving to bring upon themselves all the horrors of War. And, in their case, this implies such consequences as these: to have to fight in their own persons; to supply the costs of the war out of their own property; to have sorrowfully to repair the devastation which it leaves behind; and, as a crowning evil, to have to take upon themselves at the end a burden of debt which will go on embittering peace itself, and which it will be impossible ever to pay off on account of the constant threatening of further impending wars. On the other hand, in a Constitution where the Subject is not a voting member of the State, and which is, therefore, not Republican, the resolution to go to war is a matter of the smallest concern in the world. For, in this case, the Ruler,

능성도 가지고 있다. 이유는 다음과 같다. 이 헌정 아래서는, 피지배자의 동의가 전쟁을 할 것인가 아닌가 여부를 결정하는 데 필요하고, 이들은 그런 나쁜 일을 저지르기를 꺼릴 것이 너무 당연하다. 왜냐하면, 전쟁을 선포하게 되면 그들은 필연적으로 전쟁의 비극을 몸소 겪기 때문이다. 이것이 암시하는 바는 그들은 몸소 전쟁터에 나가야만 하고 자기 재산으로 전쟁비용을 부담해야만 한다는 것이다. 그들은 또한 전후 황폐함을 복원하기 위해서 가련할 만큼 무진장 애를 써야만 한다. 그리고 마지막으로, 가장 비극적인 점은 그들이 심지어 평화로운 상태조차도 개탄할 정도로 막대한 전쟁 채무를 부담해야만 한다는 사실이다. 그런데 이 전쟁채무는 언제든지 일어날 수 있는 새로운 전쟁들 때문에 절대로 청산될 수 없다. 다른 한편, 피지배자가 투표권을 가지고 있지 아니한 정부에서는 그래서, 공화적이지 않은 헌정에서는 전쟁을 하기로 마음 먹는 것이 세상에서 가장 쉬운 일이다. 왜냐하면, 이런 경우 지배자는 단순한 시민이 아니고 국가의 소유자이고 전쟁으로 조금도 잃을 것이 없기 때문이다. 그는 전쟁에도 불구하고 계속해서 맛있는 음식이나 사냥을 즐기거나 쾌적한 궁전을 보유하고 궁정 잔치를 벌일 수 있다. 그래서 그는 전쟁이 마치 유희의 일종인 양 가장 사소한 이유들로 전쟁을 하기로 결심할 수 있다. 그래도 품위를 유지하기 위해 전쟁을 정당화하는 구실을 찾아야만 한다면 이런 일은 언제든

who, as such, is not a mere citizen but the Owner of the State, need not in the least suffer personally by war, nor has he to sacrifice his pleasures of the table or of the chase or his pleasant palaces, court-festivals and such like. He can, therefore, resolve for war from insignificant reasons, as if it were but a hunting expedition; and, as regards its propriety, he may leave the justification of it without concern to the diplomatic body, who are always too ready to give their services for that purpose.

The Republican Constitution is not to be confounded with the Democratic Constitution. But as this is commonly done, the following remarks must be made in order to guard against this confusion.—The various forms of the State (*Civitas*) may be divided either according to the difference of the Persons who hold the highest authority in the State, or according to the mode of the governing of the people through its supreme Head. The first is properly called the form of the Sovereignty in the State (*forma imperii*). There are only three forms of this kind possible, according as one only, or as some in connection with each other, or as all those constituting the Civil Society combined together may happen to possess the governing power; and thus

아부할 준비가 되어 있는 외교관들이 해 주기 때문에 걱정하지 않아도 된다.

공화헌정과 민주헌정은 흔히 혼동되는 데 이것을 막기 위해 몇 마디 할 필요가 있다. 국가의 형태는 두 가지 원칙 중 어느 하나에 따라서 나누어질 수 있다: 하나는 국가에서 최고 권위를 가지고 있는 사람들이 다르다는 것이고 다른 하나는 지배자가 누구이든 그가 인민을 통치하는 방식이 다르다는 것이다. 전자는 주권의 형태로 부르는 것이 적당한데, 이런 기준에서는 단지 3개의 헌정만 존재할 수 있다. 즉, 최고의 권위가 단지 한 명에 속하거나 다 함께 통치하는 여러 명의 개인들에게 속하거나 시민사회를 구성하는 전체 인민에게 속할 수 있다. 그래서 군주가 주권을 가진 독재정(autocracy), 귀족이 주권을 가진 귀족정, 그리고 인민이 주권을 가진 민주정이 있다. 두 번째 원칙은 통치(혹은 정부)의 형태이다. 그것은 국가가 자신의 최고 권력을 사용하는 방식을 말하

we have either an Autocracy constituted by the power of a Monarch, or an Aristocracy constituted by the power of the Nobles, or a Democracy constituted by the power of the People. The second principle of division is taken from the form of the Government (*forma regiminis*); and viewing the Constitution as the act of the common or universal will by which a number of men become a People, it regards the mode in which the State, founding on the Constitution, makes use of its supreme power. In this connection the form of government is either republican or despotic. Republicanism regarded as the constitutive principle of a State is the political severance of the Executive Power of the Government from the Legislative Power. Despotism is in principle the irresponsible executive administration of the State by laws laid down and enacted by the same power that administers them; and consequently the Ruler so far exercises his own private will as if it were the public Will. Of the three forms of the State, a Democracy, in the proper sense of the word, is necessarily a despotism; because it establishes an Executive power in which All resolve about, and, it may be, also against, any One who is not in accord with it; and consequently the All who thus resolve are really not

는 것이다. 이 통치의 방식은 단순히 다수의 무리에 불과한 것을 국민으로 전환시키는 일반의지의 행위 그 자체인 헌법에 기초하고 있다. 이런 면에서 통치의 형태는 공화적이거나 전제적인 것으로 나누어진다. 공화주의는 정부의 집행권력을 입법권력과 분리하는 것을 정치적 원칙으로 삼는다. 전제주의는 [집행권력을 가진] 국가가 스스로 법도 만들고 이 법의 발효도 자의적으로 하는 것을 원칙으로 삼는다. 결과적으로 여기서는 공적인 의지의 집행이 지배자의 사적인 의지에 따라 이루어진다. 국가의 3가지 형태 중에서 고유한 의미의 민주정은 필연적으로 전제주의이다. 왜냐하면, 그것은 모두와 의견을 달리하는 어떠한 개인에 관해서도 그리고 필요하다면 심지어 그 개인에 불리하게 모두가 결정을 내리는 집행권력을 확립하기 때문이다. 여기서 그렇게 하는 "모두"는 실제로 모두가 아니고 [단지 다수일 뿐이다.] 그리해 이 경우 일반의지는 그 자신과도 모순되고 자유의 원칙과도 모순된다.

all; which is a contradiction of the Universal Will with itself and with liberty.

Every form of Government, in fact, which is not representative, is properly a spurious form of Government or not a form of Government at all; because the Lawgiver in one and the same person, may, at the same time, be the executive administrator of his own Will. And although the other two political constitutions—Autocracy and Aristocracy— are always so far defective in that they afford opportunity for such a mode of government, it is at least possible in their cases that a mode of government may be adopted in conformity with the spirit of a representative system. Thus Frederick the Great was wont to say of himself that he was 'merely the highest servant of the State.' But the Democratic Constitution, on the contrary, makes such a spirit impossible; because under it everyone wishes to be master. It may, therefore, be said that the fewer the number of the Rulers or personal Administrators of the power of the State, and the greater the representation embodied in them, so much the more does the political constitution harmonize with the possibility of Republicanism; and such a constitution may hope to raise itself, by gradual re-

대의적이지 않은 어떠한 형태의 통치도 사실 진정한 통치라고 볼 수 없다. 왜냐하면 입법자는, 하나의 동일한 인격체를 유지한 채, 동시에 자기 의지의 집행자가 될 수 없기 때문이다. 이것은 삼단논법에서 대전제의 보편이 소전제 속에 내포된 특수를 이미 포함하고 있다고 볼 수 없는 것과 마찬가지다. 그리고 비록 나머지 두 개의 헌정, 독재정과 귀족정도 대의적이지 아니한 형태의 통치를 할 여지를 여전히 가지고 있다는 면에서 항상 불완전하지만, 이들의 경우에는 적어도 대의체제의 정신에 부합한 통치형태를 취할 가능성이 조금이라도 존재한다. 그래서 프레드릭 대왕은 자신이 단지 국가의 제1의 종복일 뿐이라고 말하곤 했다. 다른 한편, 민주헌정에서는 이것이 불가능하다. 왜냐하면 그러한 통치에서는 모든 이가 주인이 되기를 바라기 때문이다. 그래서 우리는 행정부를 구성하는 인력이 적으면 적을수록, 즉, 통치자의 수가 적으면 적을수록, 다른 한편으로는 그들이 인민을 더 잘 대의 할 수 있게 되고, 그래서 국가의 통치는 공화주의에 더 부합하게 된다고 말할 수 있다. 그리고 점진적 개혁에 의해 그러한 수준의 통치에 도달할 것으로 기대할 수 있다. 이런 이유로 법의 원칙을 따르는 하나의 완벽한 헌정에 이른다는 것은 군주정에서 보다 귀족정에서 더 어렵고, 민주정에서는 폭력적인 혁명에 의

forms, to the Republican Ideal.—On this account, it is more difficult to attain to this one perfect constitution according to the principles of Right in an Aristocracy than in a Monarchy, and in a Democracy it is impossible otherwise than by violent revolution. As regards the people, however, the mode of Government is incomparably more important than the form of the Constitution, although the degree of conformity in the Constitution to the end of government is also of much importance. But if the mode of Government is to conform to the idea of Right, it must embody the representative system. For in this system alone is a really republican mode of Government possible; and without it, let the Constitution be what it may, it will be despotic and violent. In none of the ancient so-called 'Republics,' was this known; and they necessarily became resolved in consequence, into an absolute form of despotism, which is always most bearable when the supreme power is concentrated in a single individual.

하지 않고서는 불가능하다. 그러나 통치의 종류는 헌정의 종류보다 인민에게 비교할 수 없을 정도로 더 중요하다. 비록 헌정이 통치의 목적에 얼마나 부합하느냐도 역시 중요하지만 말이다. 통치의 형태가 법(혹은 권리)의 개념에 부합하려면 대의체제를 구현해야만 하는데 그러한 대의체제에서만 오로지 공화적인 형태의 통치가 가능하고 만약에 그러한 체제가 없다면 통치형태는 전제적이고 폭력적일 것이다. 이것은 어떠한 형태의 헌정을 가지고 있든 마찬가지이다. 이른바 고대의 공화정 중 어느 것도 이 사실을 깨우치지 못했으며 그들은 필연적으로 절대적인 전제주의로 퇴락했다. 그런데 이런 전제주의는 주권이 1인에게 있을 때 항상 가장 견딜 만하다.

매디슨의
『연방주의자 서신』

대통령 재임 시기 65세의 매디슨 초상화

출처: Wikimedia commons

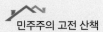
민주주의 고전 산책

"파벌의 원인을 제거하는 방법은 다시 두 가지가 있다. 하나는 그것이 존재하려면 필수적인 자유를 파괴하는 것이고 다른 하나는 모든 시민에게 똑같은 생각, 똑같은 열정 그리고 이익을 갖도록 하는 것이다.

첫 번째 방법은 파벌의 해악보다도 더 나쁜 것임에 틀림없다. 자유와 파벌의 관계는 공기와 불의 관계와 같다. 이 영양분이 없이는 파벌은 바로 소멸되어 버린다. 그러나 자유가 파벌의 영양분을 제공한다는 이유로 정치적 삶에 필수적인 자유를 폐지하는 것은 어리석기 짝이 없다. 이것은 마치 공기 때문에 불이 파괴력을 갖는다는 이유로 동물의 생명에 필수적인 공기를 제거하려고 하는 것과 마찬가지로 어리석은 일이다(제임스 매디슨)."

제임스 매디슨(James Madison, 1751-1836)

    제임스 매디슨 주니어(James Madison Jr.)는 1751년 3월 16일 버지니아 킹 조지 카운티(일명 오렌지 카운티)에서 맏아들로 태어났다. 그의 어머니는 총 12번의 출산을 했는데, 그중 3명의 딸과 3명의 아들만 살아남았다. 그의 집안은 당시 점점 지위가 상승하고 있던 버지니아 지주 계급이었다. 그는 사립학교에 다니며 라틴어와 그리스어를 익혔고, 프린스턴에 있는 뉴저지 칼리지 대학(The College of New Jersey)에 진학했다.

    미국 역대 대통령 중에서도 매디슨은 손꼽히는 엘리트이다. 그는 모범생이었고 말보다는 글쓰기에 재능이 있었다. 고등학교 과정을 한 해 일찍 마쳤던 그는 대학의 3년 정규 과정도 2년 만에 마치고 1771년 역사와 정치학(study of government)으로 학사학위를 받았다. 이후에도 학교에 남아 졸업생 연구 기간을 보낸 후 몽트펠리어로 돌아와 맏형으로서 동생들의 교육을 맡았다.

    본격적인 정치 활동은 프린스턴에서 돌아온 지 얼마 안 된 1774년, 오렌지 카운티 위원회의 선출직으로 시작했다. 이후 그는 은퇴와 복귀를 반복하면서 다양한 기구에서 정치적 역할을 수행했다. 그런 기구에는 버지니아 컨벤션, 버지니아 주의회, 버지니아 주지사 협의회, 대륙회의, 연방하원, 제퍼슨 대통령 시기의 국무장관, 4대와 5대 대통령, 버지니아 제헌 회의 등이 포함된다. 또한 그는 버지니아 대학교의 학장직을 수행하기도 했다. 이 중 1786년 두 번째 대륙회의 의원 시절의 업적으로 매디슨은 미국 건국의 아버지라는 별명을 얻게 되었다. 특히 1787년부터 88년까지 해밀턴(Alexander Hamilton)과 제이(John Jay)와 함께 『연방주의자 서신』을 작성하고 발표했다. 또한 연방하원의원 시절에는 수정헌법 12개조를 제안했는데 그 중 10개조는 권리장전으로 채택되기도 했다.

    그는 외적으로 보기에도 병약하게 생겼고, 또 실제로도 몸이 허약해 잔병치레를 많이 했다. 그럼에도 불구하고 그는 1836년 6월 28일 몽트펠리어에서 사망할 때까지 무려 86년간 살았다. 그는 노예제도의 부당함을 인지하고 점진적 폐지를 주장하면서도 정작 자신은 노예를 소유했다. 죽을 때도 자신의 노예를 풀어주지 않고 남아서 아내를 모시게 했다.

    이 편집서에는 매디슨이 작성한 서신 중 가장 유명한 것 한 개를 소개하고 있다. 이 서신에서 그는 왜 당파주의가 근절될 수 없는지를 역설하고 당파에 의한 당파의 견제시스템을 제안하고 있다. 그는 이를 위해서 작은 민주정보다는 거대한 공화정과 대의제가 필요함을 주장하고 있다. 여기에 싣고 있는 영문은 The Project Gutenberg eBook of the Federalist Papers(https://www.gutenberg.org/cache/epub/18/pg18-images.html)에 기반하고 있다.

참고문헌

앨런 라이언, 남경태 · 이광일 역. 2017. 『정치사상사: 헤로도토스에서 현재까지』. 문학동네: 서울.

찰스 F. 파버, 리처드 B. 파버 , 김형곤 역. 2003 『대통령의 성적표』. 혜안: 서울

The Federalist No. 10

Thursday, November 22, 1787.

To the People of the State of New York:

Among the numerous advantages promised by a well constructed Union, none deserves to be more accurately developed than its tendency to break and control the violence of faction. (⋯)

By a faction, I understand a number of citizens, whether amounting to a majority or a minority of the whole, who are united and actuated by some common impulse of passion, or of interest, adversed to the rights of other citizens, or to the permanent and aggregate interests of the community.

There are two methods of curing the mischiefs of faction: the one, by removing its causes; the other, by controlling its effects.

There are again two methods of removing the causes of faction: the one, by destroying the liberty which is essential to its existence; the other, by giving to every citizen the same opinions, the same passions, and the same interests.

It could never be more truly said

연방주의자 서신 10번

1787년 11월 22일 목요일

뉴욕 주의 인민에게

연합국(Union)을 잘 만들게 되면 수많은 장점들이 생기는데 그 중에는 파벌에 의한 폭력을 통제하는 경향도 포함된다. 이러한 장점에 대해서 정확하게 설명할 필요가 있어 보인다. (중략)

내가 파벌이라고 하는 것은 다른 시민들의 권리에 반하거나 항구적이고 집합적인 공동체 이익에 반해 자신들만의 이익이나 열정으로 뭉쳐서 행동하는 일정한 수의 시민들을 의미한다. 그 수가 전체의 다수이든 소수이든 상관없다.

파벌의 해악을 치유하는 방법은 두 가지가 있다. 하나는 원인을 제거하는 것이고 다른 하나는 효과를 통제하는 것이다.

파벌의 원인을 제거하는 방법은 다시 두 가지가 있다. 하나는 그것이 존재하려면 필수적인 자유를 파괴하는 것이고 다른 하나는 모든 시민에게 똑같은 생각, 똑같은 열정 그리고 이익을 갖도록 하는 것이다.

첫 번째 방법은 파벌의 해악보다도 더

than of the first remedy, that it was worse than the disease. Liberty is to faction what air is to fire, an aliment without which it instantly expires. But it could not be less folly to abolish liberty, which is essential to political life, because it nourishes faction, than it would be to wish the annihilation of air, which is essential to animal life, because it imparts to fire its destructive agency.

The second expedient is as impracticable as the first would be unwise. As long as the reason of man continues fallible, and he is at liberty to exercise it, different opinions will be formed. As long as the connection subsists between his reason and his self-love, his opinions and his passions will have a reciprocal influence on each other; and the former will be objects to which the latter will attach themselves. The diversity in the faculties of men, from which the rights of property originate, is not less an insuperable obstacle to a uniformity of interests. The protection of these faculties is the first object of government. From the protection of different and unequal faculties of acquiring property, the possession of different degrees and kinds of property immediately results; and from the influence

나쁜 것임에 틀림없다. 자유와 파벌의 관계는 공기와 불의 관계와 같다. 이 영양분이 없다면 파벌은 바로 소멸되어 버린다. 그러나 자유가 파벌의 영양분을 제공한다는 이유로 정치적 삶에 필수적인 자유를 폐지하는 것은 어리석기 짝이 없다. 이것은 마치 공기 때문에 불이 파괴력을 갖는다는 이유로 동물의 생명에 필수적인 공기를 제거하려고 하는 것과 마찬가지로 어리석은 일이다.

두 번째 방편은 첫 번째가 현명하지 못한 것만큼이나 실현 가능성이 없다. 인간의 이성이 계속해서 허점투성이인 이상 그리고 그것을 행사할 자유를 가지고 있는 이상, 서로 다른 의견들이 생길 수 있다. 이성과 자기 사랑 간에 연결고리가 지속되는 한, 의견과 열정은 상호 간에 영향을 미칠 것이다. 후자는 전자에 붙어 다니는 것이다. 재산권이 생기는 원인인 인간 능력이 다양하기 때문에 이익의 단일화는 성취될 수가 없는 것이다. 그러한 능력을 보호하는 것이 정부의 제일 목표이다. 서로 다르게 가지고 있는 재산 취득 능력을 보호하게 되면 결과적으로 서로 다른 규모와 종류의 재산을 보호하게 되는 것이다. 그리고 이러한 것들이 재산가들 각자의 감정과 시각에 영향을 미치게 되어서 사회는 서로 다른 이익과 분파들로 나누어지게 되는 것이다. (중략)

of these on the sentiments and views of the respective proprietors, ensues a division of the society into different interests and parties. (⋯)

It is in vain to say that enlightened statesmen will be able to adjust these clashing interests, and render them all subservient to the public good. Enlightened statesmen will not always be at the helm. Nor, in many cases, can such an adjustment be made at all without taking into view indirect and remote considerations, which will rarely prevail over the immediate interest which one party may find in disregarding the rights of another or the good of the whole.

The inference to which we are brought is, that the CAUSES of faction cannot be removed, and that relief is only to be sought in the means of controlling its EFFECTS.

If a faction consists of less than a majority, relief is supplied by the republican principle, which enables the majority to defeat its sinister views by regular vote. It may clog the administration, it may convulse the society; but it will be unable to execute and mask its violence under the forms of

계명된 정치가들이 이러한 이익들 간의 충돌을 조정하고 모든 이익들이 공익에 영합하도록 만들 수 있다고 생각한다면 헛된 망상에 불과하다. 계명된 정치가가 항상 주도권을 가지고 있지도 않고 또한 많은 경우에 그러한 조정은 전혀 이루어질 수도 없다. 그러기 위해서는 간접적이고 요원한 사항들을 고려해야 하는데, 이러한 고려 사항들이 당장의 이익보다 우선하는 경우가 드물고 어느 한편의 이해당사자는 당장의 이익만 생각하기에 다른 당사자의 권리들을 무시하거나 전체의 이익을 무시하게 된다.

이 결과 우리가 내리게 되는 추론은 파벌의 원인은 제거될 수 없으며 다만 효과들을 통제해 완화시킬 수단을 강구하는 수밖에 다른 도리가 없다는 것이다.

파벌을 구성하는 자들의 수가 다수보다 적다면, 공화의 원칙만으로도 파벌의 해악은 완화된다. 이 원칙을 통해, 다수는 통상적인 투표를 통해 파벌의 사악한 견해들을 물리칠 수 있다. 이 소수의 파벌은 행정을 마비시킬 수도 있고 사회를 혼란에 빠뜨릴 수도 있지만 헌법의 형식을 빌려서 폭력을 행사하고 감출 수는 없다. 다

the Constitution. When a majority is included in a faction, the form of popular government, on the other hand, enables it to sacrifice to its ruling passion or interest both the public good and the rights of other citizens. To secure the public good and private rights against the danger of such a faction, and at the same time to preserve the spirit and the form of popular government, is then the great object to which our inquiries are directed. (⋯)

By what means is this object attainable? Evidently by one of two only. Either the existence of the same passion or interest in a majority at the same time must be prevented, or the majority, having such coexistent passion or interest, must be rendered, by their number and local situation, unable to concert and carry into effect schemes of oppression. If the impulse and the opportunity be suffered to coincide, we well know that neither moral nor religious motives can be relied on as an adequate control. (⋯)

From this view of the subject it may be concluded that a pure democracy, by which I mean a society consisting of a small number of citizens, who assemble and administer the government

른 한편, 다수가 파벌에 포함되어 있다면 인민정부 아래서 파벌은 자신들의 지배적인 야욕이나 이익 때문에 공익과 다른 시민들의 권리들을 희생시킬 수 있다. 그러한 파벌의 위험에 맞서 공익과 사적인 권리들을 안전하게 지키고 인민정부의 정신과 형태를 보존하는 방법을 탐색하는 것이 여기서 우리의 중요한 목표이다. (중략)

어떤 수단으로 이러한 목표를 달성할 수 있는가? 명백히 두 개 중 한 가지 방법으로만 가능하다. 그중 한 가지 방법은 동일한 야욕이나 이익이 다수에게 동시에 존재하는 것을 막는 것이다. 다른 한 가지 방법으로는, 그렇게 동시적으로 존재하는 야욕이나 이익이 설사 있다고 하더라도 서로 담합해 억압하려는 계략을, 그들의 수와 지역적인 정황으로 인해, 실행하지 못하도록 해야만 한다. 만약에 불행하게도 그러한 충동과 기회가 맞아떨어지게 된다면, 어떠한 도덕적이거나 종교적인 동기에 호소한다 해도 적절하게 통제될 수 없다. (중략)

이런 시각에서 보면 결론적으로 순수한 민주정, 즉 작은 수의 시민들로 구성되어 있고 이들이 모여서 정부를 직접 운영하는 사회는 파벌의 해악에 대한 치유책이 전혀 될 수 없다. 그렇게 작은 사회에

in person, can admit of no cure for the mischiefs of faction. A common passion or interest will, in almost every case, be felt by a majority of the whole; a communication and concert result from the form of government itself; and there is nothing to check the inducements to sacrifice the weaker party or an obnoxious individual. Hence it is that such democracies have ever been spectacles of turbulence and contention; have ever been found incompatible with personal security or the rights of property; and have in general been as short in their lives as they have been violent in their deaths. (…)

A republic, by which I mean a government in which the scheme of representation takes place, opens a different prospect, and promises the cure for which we are seeking. Let us examine the points in which it varies from pure democracy. (…)

The two great points of difference between a democracy and a republic are: first, the delegation of the government, in the latter, to a small number of citizens elected by the rest; secondly, the greater number of citizens, and greater sphere of country, over which

서는 어떤 야욕이나 이익은 거의 모든 경우에 전체의 다수가 공유하게 될 것이다. 상호 소통과 의견의 일치는 그러한 형태의 정부에서는 자연스럽게 나오게 된다. 그 어떤 것도 아주 밉살스런 개인이나 취약한 측을 희생시키려는 생각을 견제할 수가 없다. 그래서 이런 민주정에서는 항상 혼란과 다툼의 장면들이 벌어졌고 민주정은 또한 개인적인 안전이나 재산권과 양립 불가능했던 것으로 드러났다. 그리고 일반적으로 폭력적으로 멸망한 만큼 수명도 매우 짧았다. (중략)

공화정, 여기서 나는 대표(혹은 대의) 제도가 일어나는 정부를 의미하는데, 이것은 다른 가능성을 보여주며 우리가 찾고 있는 처방이 될 수 있다. 이제 이것이 순수한 민주정과 다른 점들을 살펴보도록 하자. (중략)

민주정과 공화정 사이의 가장 큰 차이점 두 가지를 들자면, 첫째는 후자의 경우 나머지 시민들에 의해서 선출된 소수의 시민들에게 정부를 위임한다는 것이고 둘째는 후자의 경우 시민의 수가 더 많고 영토가 더 확장된다는 것이다.

the latter may be extended.

The effect of the first difference is, on the one hand, to refine and enlarge the public views, by passing them through the medium of a chosen body of citizens, whose wisdom may best discern the true interest of their country, and whose patriotism and love of justice will be least likely to sacrifice it to temporary or partial considerations. Under such a regulation, it may well happen that the public voice, pronounced by the representatives of the people, will be more consonant to the public good than if pronounced by the people themselves, convened for the purpose. On the other hand, the effect may be inverted. Men of factious tempers, of local prejudices, or of sinister designs, may, by intrigue, by corruption, or by other means, first obtain the suffrages, and then betray the interests, of the people. The question resulting is, whether small or extensive republics are more favorable to the election of proper guardians of the public weal; and it is clearly decided in favor of the latter by two obvious considerations:

In the first place, it is to be remarked that, however small the republic may be, the representatives must be raised to a certain number, in order to guard

첫 번째 차이점의 효과는 한편으로 일단의 선발된 시민들의 손을 거치면서 공적인 시각들이 세련되고 넓어지는 것인데 이들의 지혜로 인해 나라의 진정한 이익이 가장 잘 간파될 수 있고 이들의 애국심과 정의감으로 인해 나라가 일시적이거나 편파적인 고려사항들에 희생될 가능성이 거의 없게 될 것이다. 그러한 통제 아래서는 인민의 대표자들이 표명한 공적인 목소리는 인민 자신들이 모여서 표명한 것보다 더 공익에 부합할 개연성이 높다. 다른 한편으로 효과가 역으로 날 수 있다. 파당적인 기질이나 국지적인 편견 혹은 사악한 계획을 지닌 사람들이 음모나 부패나 다른 수단으로 우선 표를 획득한 다음에 인민의 이익을 저버릴 수 있다. 결과적으로 생기는 의문은 작은 공화정과 큰 공화정 중 어느 것이 공공복지의 적합한 수호자들을 선출하는 데 더 유리하냐는 것이다. 다음 두 가지 명확한 사항들을 고려하면 후자가 더 유리한 것이 분명하다.

첫째, 공화정이 아무리 작을지라도 대표자의 수는 소수의 도당으로 변질되는 것을 예방하기 위해 적어도 특정한 수만큼은 되어야만 하고, 아무리 클지라도 대

against the cabals of a few; and that, however large it may be, they must be limited to a certain number, in order to guard against the confusion of a multitude. Hence, the number of representatives in the two cases not being in proportion to that of the two constituents, and being proportionally greater in the small republic, it follows that, if the proportion of fit characters be not less in the large than in the small republic, the former will present a greater option, and consequently a greater probability of a fit choice.

In the next place, as each representative will be chosen by a greater number of citizens in the large than in the small republic, it will be more difficult for unworthy candidates to practice with success the vicious arts by which elections are too often carried; and the suffrages of the people being more free, will be more likely to centre in men who possess the most attractive merit and the most diffusive and established characters.

It must be confessed that in this, as in most other cases, there is a mean, on both sides of which inconveniences will be found to lie. By enlarging too much the number of electors, you

표자의 수는 다수로 인한 혼란이 생기는 것을 막기 위해서 특정 수까지만으로 제한되어야만 한다. 그런데 대표자의 수는 이 두 가지 경우에 유권자들의 수와 비례 관계에 있지 않고 작은 공화정에서 상대적으로 더 많이 필요로 하기 때문에 만약에 적합한 인물들의 비율이 작은 공화정에서보다 큰 공화정에서 더 낮지 않다면, 큰 공화정이 더 나은 선택일 것이고 결과적으로 적합한 인물이 선택될 가능성이 더 크다고 할 것이다.

다음으로, 각 대표자는 작은 공화정보다 큰 공화정에서 더 많은 수의 시민들에 의해서 선택될 것이기 때문에 흔히 보듯이 무자격의 후보자들이 간사한 기교로 선거판을 성공적으로 좌우하기가 더 어렵게 될 것이다. 인민의 투표권이 더 자유로와지면 가장 매력적인 능력을 가지고 가장 본받을 만한 인품을 체득한 인물들에게 표가 집중될 것이다.

다른 대부분의 경우에서처럼 여기서도 중간이 있는데 그보다 많거나 적은 쪽 둘 다 불편한 점이 있기 마련이다. 선거인단의 수를 너무 많이 확장하게 되면 대표자들이 자기 지역의 모든 상황과 소소한 이

render the representatives too little acquainted with all their local circumstances and lesser interests; as by reducing it too much, you render him unduly attached to these, and too little fit to comprehend and pursue great and national objects. The federal Constitution forms a happy combination in this respect; the great and aggregate interests being referred to the national, the local and particular to the State legislatures.

The other point of difference is, the greater number of citizens and extent of territory which may be brought within the compass of republican than of democratic government; and it is this circumstance principally which renders factious combinations less to be dreaded in the former than in the latter. The smaller the society, the fewer probably will be the distinct parties and interests composing it; the fewer the distinct parties and interests, the more frequently will a majority be found of the same party; and the smaller the number of individuals composing a majority, and the smaller the compass within which they are placed, the more easily will they concert and execute their plans of oppression. Extend the sphere, and you take in a greater vari-

익들을 익히 알기가 너무 어려워진다. 또한 그 수를 너무 적게 줄이게 되면, 지엽적이고 소소한 이익들에 너무 지나치게 매몰되어 크고 전국적인 관심사를 파악하여 추구하는 것이 너무 어렵게 될 것이다. 우리의 연방헌법은 이런 면에서 적절하게 절충을 하고 있다. 크고 집합적인 이익들은 전국적 입법기관에 회부하고 지엽적이고 특수한 이익들은 주 입법기관에 회부하고 있다.

또 다른 차이점을 말하자면, 많은 수의 시민과 광범위한 영토는 민주정부보다 공화정부의 속성에 더 가깝다. 주로 이러한 상황 때문에 전자보다는 후자에서 당파적인 연합이 생기더라도 공포의 대상이 덜 된다. 사회가 작을수록 그 사회를 형성하는 서로 다른 패거리들과 이익들이 숫자상 적을 가능성이 많다. 서로 다른 패거리와 이익들의 수가 적을수록 더 자주 동일한 패거리로 다수가 만들어질 수 있다. 다수를 구성하는 개개인의 수가 적으면 적을수록 그리고 그들이 사는 지역이 좁으면 좁을수록 그들은 타인을 탄압하려는 계획을 더 쉽게 도모하고 실행할 것이다. 영토를 확장하라. 그러면 더 많고 다양한 패거리들과 이익들이 생긴다. 전체의 다수가 다른 시민들의 권리를 다 같이 침해하려고 할 확률이 줄어들 것이다. 혹은 설사 그러한 공동의 의사가 있다고 하더라도 모두가 다 같이 자신의

ety of parties and interests; you make it less probable that a majority of the whole will have a common motive to invade the rights of other citizens; or if such a common motive exists, it will be more difficult for all who feel it to discover their own strength, and to act in unison with each other. Besides other impediments, it may be remarked that, where there is a consciousness of unjust or dishonorable purposes, communication is always checked by distrust in proportion to the number whose concurrence is necessary.

힘을 자각하고 서로 보조를 맞추어 행동하기가 더욱 어려워질 것이다. 추가로 언급할 수 있는 것은 부정스럽거나 수치스런 의도를 가지고 있다고 하더라도 의견 일치에 필요한 수가 많아질수록 상호 간의 소통이 불신으로 인하여 항상 더 어렵게 된다는 점이다.

밀의 『대의정부론』

밀과 그의 양녀 헬렌 테일러 사진

출처: Wikimedia commons

MILL'S LOGIC ; OR, FRANCHISE FOR FEMALES.

**밀이 분개하고 있는 존 불(John Bull)에게 여성들로
하여금 투표를 하도록 길을 내주라고 요구하고 있는 장면**

출처: Wikimedia commons

"사회적 국가(social state)의 모든 요구 조건들을 충분히 충족시킬 수 있는 유일한 정부는 전체 인민이 참여하며, 가장 사소한 공적인 기능에서조차 어떻게든 참여하는 것이 유용하며, 그러한 참여는 공동체의 전반적인 개선으로 허용되는 한 가장 많이 모든 곳에서 이루어져야 하며, 궁극적으로 바람직하게는 모든 이들이 조금이라도 부족함이 없이 국가의 주권 행사에 한몫을 할 수 있는 정부임이 명백하다. 그러나 단 하나의 작은 소도시(town)보다 큰 공동체에서는 모든 이들이 공적인 업무 중 아주 사소한 몇몇을 제외하고는 어떠한 것에도 몸소 참여할 수 없기 때문에, 이상적인 형태의 완벽한 정부는 대의적임에 틀림없다(존 스튜어트 밀)."

존 스튜어트 밀(John Stuart Mill, 1806~1873)

존 스튜어트 밀은 런던의 펜톤빌(Pentonville)에서 태어났다. 스코틀랜드 출신의 영국 철학자이자 역사학자인 제임스 밀의 6남매 중 장남이었다. 그의 교육은 아버지에 의해서 주로 이뤄졌고, 때로는 공리주의자인 제러미 벤담과 프란시스 플레이스(Francis Place)에게 도움을 받았다. 그는 벌써 세 살에 그리스어를 배우기 시작해서, 여덟 살이 될 때까지 헤로도토스의 『역사』를 포함하여 몇몇 그리스 고전을 원전으로 읽었다고 한다. 여덟 살부터는 라틴어와 대수(algebra)를 배우기 시작했고, 동생들에게는 가정교사 역할을 했다.

그의 아버지는 1818년에 『영국령 인도의 역사』를 출판하였는데, 그즈음에 열두 살이 된 그는 스콜라철학의 논리학을 치밀하게 공부하는 동시에 아리스토텔레스의 논리학 저서들을 원전으로 읽었다. 이듬해에는 정치경제학 공부를 시작해, 아버지의 도움을 받으면서 애덤 스미스와 데이비드 리카르도를 공부했다. 리카르도는 아버지의 가까운 친구로, 소년 존을 자주 집으로 불러서 함께 산책하면서 정치경제학에 관해 대화를 나눴다.

열네 살 때 그는 제러미 벤담의 동생 사뮤엘 벤담의 가족과 함께 프랑스에서 1년을 보냈다. 몽펠리에의 과학대학(프랑스어: Facult des Sciences)에서 강의를 들었고, 개인교습을 통해 고등수학을 배웠다. 이 때 파리에서는 아버지의 친구였던 유명한 경제학자인 세이의 집에서 며칠 묵기도 했고 생시몽과 같은 파리의 저명인사도 만났다.

그는 1823년 친구들과 함께 공리주의자 협회를 만들었다. 그는 옥스퍼드 대학이나 케임브리지 대학에 가는 것을 포기했다. 왜냐하면, 당시에는 입학을 하려면 잉글랜드 국교인 잉글랜드 성공회의 신자가 되어야 했지만 그는 잉글랜드 성공회를 포함해 종교 자체를 도덕의 최악의 적으로 간주했기 때문이다. 대신에 그는 아버지를 따라 영국 동인도 회사에서 1858년까지 35년 동안 근무하면서 연구와 저술에 몰두했다.

그는 21년 동안의 정신적 교제 끝에 1851년 해리어트 테일러와 결혼했다. 이것은 유부녀인 그녀의 남편이 죽은 후에야 결혼을 했기 때문이다. 그들이 결혼한 지 겨우 칠 년이 지난 1858년, 둘이 같이 프랑스를 여행하던 도중에 그녀는 아비뇽에서 폐병으로 사망했다. 밀은 아내를 거기에 묻고, 조그만 집을 사서 안식처로 삼았다.

밀은 1865년에서 1868년까지 세인트 앤드류스 대학의 학무위원장으로 선임되었고, 그 동안에 런던 웨스터민스터 선거구에서 하원의원으로 당선되었다. 하원에서 그는 여성의 투표권을 포함한 권리를 강력하게 옹호했으며, 비례대표제와 노동조합, 협동조합 등 각종 사회개혁을 주장했다. 버트런드 러셀이 1872년에 태어났을 때, 러셀의 모친의 부탁으로 대부가 되기도 했다. 그는 프랑스의 아비뇽에서 1873년에 사망했고, 아내 곁에 묻혔다.

이 편집서에서 싣고 있는 『대의정부론』에서 그는 이상적인 형태의 완벽한 정부가 대의정부라는 주장을 피력하고 대의민주정이란 용어도 빈번하게 사용한다. 매디슨까지는 그래도 대의정부를 민주정과 구분하기 위해 공화정이라고 했고 공화정이 인구가 많고 영토가 넓은 곳에서 수립해야 하는 이상적인 정부라고 주장했는데, 그에 오면 더 이상 이런 구분은 없어지고 대의정부도 민주정일 뿐만 아니라 사회 전체를 대표하는 대의제가 만들어진다면 그것이야말로 진정한 민주정이 될 수 있다고 한다. 편집서에서는 제3장, 제5장, 제7장, 제8장의 일부를 각각 소개하고 있는데, 여기에서의 영문은 *Considerations on Representative Government* (New York: Harper & Brothers, 1867)에 기초하고 있다. 전체 영문본은 Project Gutenberg(https://www.gutenberg.org/)에서 볼 수 있다.

참고문헌

WIKIPEDIA(www.wikipedia.org)

Chapter 3 That the Ideally Best Form of Government is Representative Government

There is no difficulty in showing that the ideally best form of government is that in which the sovereignty, or supreme controlling power in the last resort, is vested in the entire aggregate of the community, every citizen not only having a voice in the exercise of that ultimate sovereignty, but being, at least occasionally, called on to take an actual part in the government by the personal discharge of some public function, local or general.

(…)

From these accumulated considerations, it is evident that the only government which can fully satisfy all the exigencies of the social state is one in which the whole people participate; that any participation, even in the smallest public function, is useful; that the participation should everywhere be as great as the general degree of improvement of the community will allow; and that nothing less can be ultimately desirable than the admission of all to a share in the sovereign power of the state. But since all cannot, in a community exceeding a single small town, participate personally in any but some very minor portions of the public

제3장 이상적으로 가장 좋은 형태의 정부는 대의정부이다

이상적으로 가장 좋은 형태의 정부란 주권 혹은 최종적으로 호소할 수 있는 최고 통제 권력이 공동체의 전체 총원(entire aggregate)에 놓여있는 형태로, 각 시민이 그러한 궁극적인 주권을 행사하는 것에 발언권을 가지고 있을 뿐만 아니라 적어도 가끔은 지엽적이든 일반적이든 어떤 공적인 기능을 몸소 수행함으로써 실제로 정부에 참여하도록 요청받는 정부인 것을 밝히는 데는 아무런 어려움이 없다.

(중략)

이러한 고려 사항들을 종합해 볼 때, 사회적 국가(social state)의 모든 요구 조건들을 충분히 충족시킬 수 있는 유일한 정부는 전체 인민이 참여하며, 가장 사소한 공적인 기능에서조차 어떻게든 참여하는 것이 유용하며, 그러한 참여는 공동체의 전반적인 개선에 따라서 가능한 가장 많이 모든 곳에서 이루어져야 하며, 바람직하게는 궁극적으로 모든 이들이 조금이라도 부족함이 없이 주권행사에 한몫을 할 수 있는 정부임이 명백하다. 그러나 단 하나의 작은 소도시(town)보다 큰 공동체에서는 모든 이들이 공적인 업무 중 아주 사소한 몇몇을 제외하고는 어떠한 것에도 몸소 참여할 수 없기 때문에, 이상적인 형태의 완벽한 정부는 대의적임에 틀림없다.

business, it follows that the ideal type of a perfect government must be representative.

Chapter 5 Of the Proper Functions of Representative Bodies

The meaning of representative government is, that the whole people, or some numerous portion of them, exercise, through deputies periodically elected by themselves, the ultimate controlling power, which, in every constitution, must reside somewhere. This ultimate power they must possess in all its completeness. They must be masters, whenever they please, of all the operations of government. There is no need that the constitutional law should itself give them this mastery. It does not in the British Constitution. But what it does give, practically amounts to this.[1] The power of final control is as essentially single, in a mixed and balanced government, as in a pure monarchy or democracy. This is the portion of truth in the opinion of the ancients, revived by great authorities in our own time, that a balanced constitution is impossible. There is almost always a

제5장 대의 기구의 고유한 기능들에 관해

대의정부의 의미는 전체 인민 혹은 그들 중 어떤 수적으로 많은 쪽이, 주기적으로 선출되는 대의원들(혹은 대리인들, deputies)을 통해, 모든 헌법의 어딘가에 명시되어 있는 궁극적인 통제권력을 행사하는 것이다. 그들이 이 궁극적인 권력을 온전히 소유해야만 한다. 그들은 정부의 모든 운영에 있어서 원한다면 언제든지 주인 역할을 해야만 한다. 헌법 문서상으로 이 통제권을 직접 그들에게 부여할 필요는 없다. 영국헌법은 이렇게 하지 않는다. 그러나 그것은 실질적으로는 이와 마찬가지 것을 하고 있다. 최종 통제 권력은 순수한 군주정이나 민주정에서만큼, 균형잡힌 혼합정에서도 근본적으로 단 하나이다. 이러한 진실의 단편은 우리 시대의 위대한 권위자들이 되살려낸 고대인들의 사고에서 엿볼 수 있는데 이들은 균형잡힌 헌정이란 불가능하다고 생각했다. 균형은 거의 항상 존재하지만, 그 균형이 정확히 평형을 이룬 적은 결코 없다. (중략)

---

1 이 문장은 1867년 New York판에서 처음으로 "But what it does give practically amounts to this: the power…"로 변경되어 출판되었다.

balance, but the scales never hang exactly even. (⋯)

While it is essential to representative government that the practical supremacy in the state should reside in the representatives of the people, it is an open question what actual functions, what precise part in the machinery of government, shall be directly and personally discharged by the representative body. Great varieties in this respect are compatible with the essence of representative government, provided the functions are such as secure to the representative body the control of everything in the last resort.

Chapter 7 Of True and False Democracy; Representation of All, and Representation of the Majority Only

A completely equal democracy, in a nation in which a single class composes the numerical majority, cannot be divested of certain evils; but those evils are greatly aggravated by the fact that the democracies which at present exist are not equal, but systematically unequal in favor of the predominant class. Two very different ideas are usually confounded under the name democracy. The pure idea of democ-

국가의 실질적인 최고 권력은 인민의 대의원들에 놓여있어야만 한다는 것은 대의정부에게 필수적인 것이지만, 정부 조직에서 정확히 어떤 부분이나 어떤 실제 기능들을 대의기구가 직접 수행해야만 하는지는 미지수이다. 이런 면에서는 아주 많은 다른 종류의 제도들이 대의정부의 이념에 상충되지 않게 만들어질 수 있다. 다만 어느 제도이든 대의기구가 모든 것에 대한 최종적인 통제권을 확보하도록 편제되어야 한다.

제7장 진정한 민주정과 가짜 민주정에 관해; 모두의 대의와 단지 다수의 대의

단 하나의 계급이 수적인 다수를 차지하는 나라(nation)에서는 완전히 평등한 민주정도 어떤 악폐들로부터 자유로울 수 없지만, 평등하지 않고 지배 계급에 유리한 불평등 체계인 현재 민주정에서는 그런 악폐들이 엄청 더 악화될 수 있다. 두 가지 아주 다른 관념들이 보통 민주정이라는 이름 아래 뒤섞여 있다. 민주정의 정의에 따르면, 순수한 개념의 민주정은 평등하게 대의되는 전체 인민에 의한 전체 인민의 정부이다. 하지만 흔히 떠올리고

racy, according to its definition, is the government of the whole people by the whole people, equally represented. Democracy, as commonly conceived and hitherto practiced, is the government of the whole people by a mere majority of the people exclusively represented. The former is synonymous with the equality of all citizens; the latter, strangely confounded with it, is a government of privilege in favor of the numerical majority, who alone possess practically any voice in the state. This is the inevitable consequence of the manner in which the votes are now taken, to the complete disfranchisement of minorities. (…)

In a really equal democracy, every or any section would be represented, not disproportionately, but proportionately. A majority of the electors would always have a majority of the representatives, but a minority of the electors would always have a minority of the representatives. Man for man, they would be as fully represented as the majority. Unless they are, there is not equal government, but a government of inequality and privilege: one part of the people rule over the rest: there is a part whose fair and equal share of influence in the representation is withheld from them,

지금까지 시행되어온 민주정은 배타적으로 대의되는 단순 다수의 인민에 의한 전체 인민의 정부이다. 전자는 모든 시민들의 평등과 같은 의미이며, 신기하게도 그와 혼용되는 후자는 국가에서 실질적으로 유일하게 모든 발언권을 가진 수적인 다수에게 유리한 특권 정부이다. 이런 결과는 소수자들에 대한 참정권의 완전한 박탈을 야기하는 현재의 발언권 취합 방식으로 인해 불가피하게 생긴다. (중략)

진짜로 평등한 민주정에서는 모든 부문이 혹은 어떠한 부문이든 대의가 되는데 그것도 불균등하게가 아니라 균등하게 된다. 다수의 선거인들은 항상 다수의 대의원들을 차지하고 있고 소수의 선거인들은 항상 소수의 대의원들을 차지하고 있다. 그들은 인간 대 인간으로서 다수만큼 온전히 대의된다. 그들이 그렇지 않다면, 평등한 정부란 없고 불평등과 특권의 정부만 있다. 인민의 한 부분이 나머지를 지배한다. 인민의 일부는 대의에서 공정하고도 평등한 영향력을 발휘하지 못한다. 이것은 모든 정의로운 정부에 반하며 무엇보다 평등을 자신의 원천과 기반으로 삼고 있는 민주정의 원칙에 반하는 것

contrary to all just government, but, above all, contrary to the principle of democracy, which professes equality as its very root and foundation.

The injustice and violation of principle are not less flagrant because those who suffer by them are a minority, for there is not equal suffrage where every single individual does not count for as much as any other single individual in the community. But it is not only the minority who suffer. Democracy, thus constituted, does not even attain its ostensible object, that of giving the powers of government in all cases to the numerical majority. It does something very different; it gives them to a majority of the majority, who may be, and often are, but a minority of the whole. All principles are most effectually tested by extreme cases. Suppose, then, that, in a country governed by equal and universal suffrage, there is a contested election in every constituency, and every election is carried by a small majority. The Parliament thus brought together represents little more than a bare majority of the people. This Parliament proceeds to legislate, and adopts important measures by a bare majority of itself. What guarantee is there that these measures accord with the wishes of a majority of the people?

이다.

부정의와 원칙의 침해로 인해 고통받는 자들이 소수라고 해서 문제가 덜 되는 것은 아니다. 왜냐하면 모든 개개인이 공동체에 있는 어떠한 다른 한 명의 개인만큼 중요하게 간주되지 않는다면 평등한 참정권이란 없는 것이기 때문이다. 그런 상황에서는 단지 소수만이 고통을 받는 것이 아니다. 그렇게 만들어진 민주정에서는 그것이 표방하는 명확한 목표, 즉 어떠한 경우에도 수적인 다수에게 정부 권력들을 주는 것조차 달성할 수 없다. 오히려 아주 다른 어떤 것을 하게 된다. 그것은 다수의 다수에게 권력들을 주게 되는데, 이들은 전체로 보면 단지 소수일 가능성이 있고 종종 진짜로 그러하다. 예를 들어, 평등하고 보편적인 참정권으로 통치되는 나라의 모든 선거구에서 경쟁적으로 선거가 치러지고 모든 당선이 미미한 다수에 의해서 이루어졌다고 가정해보자. 그렇게 해 소집된 의회는 단지 인민의 단순 다수만을 대의 한다. 이제 이 의회는 계속해서 의회 내의 단순 다수로 입법을 하고 중요한 조치들을 취한다. 이런 경우 이러한 조치들이 다수 인민의 희망 사항과 일치할 것이라는 보장이 도대체 있는가?

Chapter 8 Of the Extension of the Suffrage

Such a representative democracy as has now been sketched—representative of all, and not solely of the majority—in which the interests, the opinions, the grades of intellect which are outnumbered would nevertheless be heard, and would have a chance of obtaining by weight of character and strength of argument an influence which would not belong to their numerical force—this democracy, which is alone equal, alone impartial, alone the government of all by all, the only true type of democracy, would be free from the greatest evils of the falsely-called democracies which now prevail, and from which the current idea of democracy is exclusively derived. But even in this democracy, absolute power, if they chose to exercise it, would rest with the numerical majority, and these would be composed exclusively of a single class, alike in biases, prepossessions, and general modes of thinking, and a class, to say no more, not the most highly cultivated. The constitution would therefore still be liable to the characteristic evils of class government; in a far less degree, assuredly, than that exclusive government by a class which now usurps the name

제8장 참정권의 확장에 관해

지금까지 개괄적으로 밝힌 바대로 단지 다수가 아니라 모두를 대의 하는 대의 민주정에서는 이익들, 의견들, 지적인 수준들이 비록 수적으로 불리함에도 불구하고 인격이나 논증력 때문에 주목을 받고 그들의 수에 걸맞지 않게 영향력을 얻을 가능성이 있는데, 이런 민주정은 유일하게 평등하고, 유일하게 불편부당하며, 유일하게 모두에 의한 모두의 정부이자, 유일하게 진정한 형태의 민주정으로, 현재 널리 존재하는 민주정이자 현재의 민주정 개념이 배태되어 나온 가짜 민주정들이 지닌 엄청난 악폐로부터 자유롭다. 그러나 심지어 이런 민주정에서도 수적인 다수가 마음만 먹는다면 절대 권력을 행사할 수 있는데, 이들은 편견, 집착, 그리고 일반적 사고 방식 등이 동일한 단 하나의 계급으로만 구성될 수 있고 이 계급은 두말할 나위 없이 교양이 가장 풍부한 부류도 아닐 것이다. 그래서 이 헌정 역시 여전히 계급 정부의 특징적인 악폐에 노출될 수 있다. 다만 현재 민주정의 이름을 참칭하는 배타적인 계급에 의한 정부보다는 악폐의 정도가 훨씬 덜할 것이다. 그러나 여전히 그 계급 자체의 양식(good sense), 절제 그리고 인내가 아니라면 실질적인 제어를 하기가 불가능하다.

of democracy, but still under no effective restraint except what might be found in the good sense, moderation, and forbearance of the class itself.

슘페터의 『자본주의, 사회주의 그리고 민주주의』

오스트리아 출신 경제학자 슘페터

출처: Wikimedia commons

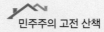
민주주의 고전 산책

"고전적 이론에서 우리가 가장 크게 문제 삼았던 부분은 '인민'이 모든 개별적인 질문에 대해서 명확하고 합리적인 의견을 가지고 있고, 민주정에서는 그러한 의견들이 실행되도록 주관하는 '대표자들'을 선택함으로써 인민이 이러한 의견을 실행한다는 명제였다. 여기서는 선거인단에게 정치적 이슈들을 결정할 힘을 부여하는 것이 민주적 절차(arrangement)의 일차적 목적이 되고 이에 비해 대표자들의 선택은 부차적인 문제로 전락해 있다. 그런데 이제 우리는 이 두 개 요소의 역할을 뒤바꾸어서 선거인단에 의한 이슈의 결정을 부차적으로 만드는 반면, 결정을 하도록 되어 있는 사람들의 선출을 일차적인 것으로 만들어 보자. 다른 식으로 말하면, 우리는 이제 인민의 역할이 정부를 만들거나 혹은 나중에 전국 단위의(national) 집행관이나 정부를 만들어낼 중간 단계의 조직을 구성하는 것이라는 입장을 취한다. 그리고 우리는 민주적 방식을 다음과 같이 정의한다. 그것은 정치적 결정을 내리는 제도적 절차로서, 이런 절차를 통해 개인들은 인민의 표를 두고 경쟁적으로 다툼으로써 정치적 결정을 하는 권력을 획득한다(조셉 슘페터)."

조셉 알로이스 슘페터(Joseph Alois Schumpeter, 1883-1950)

조셉 혹은 조지프 알로이스 슘페터는 1883년 2월 8일 오스트리아 헝가리 제국 모라비아(Moravia)의 소도시 트리쉬(Triesch)에서 태어났다. 그는 부르주아지 가정의 외동아들로 유복한 환경에서 자랐다. 아버지는 지역에서 유명한 의류업체 집안의 자제였고, 어머니는 근처 마을에서 널리 알려진 의사의 딸이었다. 아버지는 그가 4살일 때 사냥하던 중 31살의 나이로 숨을 거두었다. 그 후 어머니는 그를 데리고 친정집이 있는 이글라우에 잠시 머물다가 이듬해 그라츠(Graz)라는 도시로 이주했다.

그는 그라츠에서 초등학교(Volksschule)를 다녔고, 1893년 9월에 졸업을 했다. 그 후 그의 집은 빈(Wien)으로 다시 이사를 하고, 어머니는 육군장교 폰 켈러와 재혼했다. 당시 그의 어머니는 35세였고 폰 켈러는 65세였다. 슘페터는 의붓아버지 덕분에 오스트리아 헝가리 제국의 귀족 자제들이 다니던 학교인 테레지아눔(Theresianum)에 진학했고 졸업할 즈음에는 독일어, 영어, 프랑스어, 이탈리아어, 스페인어, 라틴어 등 6개국 언어를 구사할 수 있었다. 그는 대학에서 경제학을 공부하고 싶어 했으나 1901년 빈 대학에 입학할 당시 경제학과가 따로 없어 법정대학(Faculty of Law and Political Science)에 입학했다.

1906년 빈 대학을 졸업한 후 그는 영국에 1년 정도 체류했다. 그는 프로이센과 독일의 제도에는 환멸을 느꼈던 것과 달리 영국과 서유럽의 제도와 문화를 좋아했다. 24세라는 어린 나이에 영국인 여성과 결혼을 하고 함께 이집트 카이로로 갔다. 변호사로서 이집트 왕비의 재정문제를 담당했으며 일을 썩 잘 했던 것으로 전해진다.

1909년 카이로에서 빈으로 돌아온 그는 빈 대학의 강사로 잠시 강의를 하다가, 곧 체르노비츠(Czernowitz) 대학의 부름을 받고 교수로 취임했다. 1911년 11월에 그라츠 대학의 정치경제학 교수로 임용되어 자신이 어린 시절 살던 지역으로 가게 되었다. 그라츠 대학에서 경제학을 가르치고 있던 1919년 3월에, 슘페터는 오스트리아 최초의 사회주의 연립정권의 재무부 장관으로 임명되었으나 좌우 갈등으로 10월에 사직하게 된다. 한편 1921년 그는 비더만 은행(Biedermann Bank)의 총재로 임명되었다. 그러나 이 은행은 1924년 파산하는 바람에 그는 거액의 빚을 떠안은 채 총재직에서 물러났다.

1925년 본(Bonn) 대학의 교수로 취임했으나 1932년 사임하고 하버드대학의 교수가 되었다. 1939년에는 마침내 미국 시민권을 획득했다. 그는 1937년에는 계량경제학회의 회장, 1948년에는 미국 경제학회 회장이 되었다. 저술 활동도 활발히 하고 1942년에는 『자본주의, 사회주의, 그리고 민주주의』를 완성했다.

그는 1950년 1월 8일 심장마비로 급작스럽게 사망하기까지 총 세 번의 결혼생활을 거쳤는데, 유럽에서 했던 두 번의 결혼생활의 결말은 모두 행복하지 않았다. 먼저 24세의 어린 나이에 자기보다 열두 살 많은 영국 여성과 결혼했는데, 13년만에 이혼하고 말았다. 가톨릭 신자였던 그와 달리 부인은 영국 성공회 대주교의 딸이었으므로 둘의 가치관은 충돌할 수밖에 없었다. 두 번째로는 1925년 11월 5일, 42세의 나이에 빈에서 자기보다 스무 살 어린 여인인 안나 라이징거(Anna Reisinger)와 결혼했고 이 여인이 그가 가장 사랑했던 사람이다. 하지만 이듬해 8월 출산한 아이는 태어나자마자 세상을 떠나버렸고 아내 또한 출산 후유증으로 사망하고 말았다. 마지막 결혼은 그가 하버드 교수로서 미국에 살던 1937년, 제자였던 미국인 경제학자 엘리자베스 부디(Elizabeth Boody Firuski)와 결혼했다.

그가 쓴 의미 있는 정치학 저작인 『자본주의, 사회주의, 그리고 민주주의』는 사실상 현대적인 의미에서 민주주의를 정의한 최초의 저서이다. 이런 의미의 민주주의는 정치 지도자들이 대중들의 표를 두고 경쟁을 하는 방식으로 정치권력을 장악하는 것을 의미한다. 이 편집서에는 제20장, 제21장, 제22장의 일부를 각각 싣고 있는데, 여기서의 영문은 *Capitalism, Socialism, and Democracy* (London: George Allen & Unwin, 1943)에 기초하고 있다. 전체 영문본은 Internet Archive(https://archive.org/)에서 볼 수 있다.

참고문헌

이택면. 2001. 『슘페터』. 평민사: 서울.

이토 미쓰하루·네이 마사히로, 민성원 역. 2004. 『슘페터: 고고한 경제학자』. 소화: 서울.

Chapter 20 The Setting of the Problem

III. A Mental Experiment

Democracy is a political method, that is to say, a certain type of institutional arrangement for arriving at political—legislative and administrative—decisions and hence incapable of being an end in itself irrespective of what decisions it will produce under given historical conditions.

Chapter 21 The Classical Doctrine of Democracy

I. The Common Good and the Will of the People

The eighteenth-century philosophy of democracy may be couched in the following definition: the democratic method is that institutional arrangement for arriving at political decisions which realizes the common good by making the people itself decide issues through the election of individuals who are to assemble in order to carry out its will. Let us develop the implication of this.

It is held then that there exists a Common Good, the obvious beacon light of policy, which is always simple to define and which every normal person can be made to see by means of

---

제20장 문제의 설정

III. 정신적 실험

민주정은 정치적 수단이다. 다른 말로 하면, 입법 및 행정과 관련된, 즉 정치적인 결정을 내리기 위한 어떤 종류의 제도적 장치이다. 그래서 주어진 역사적 상황에서 그로 인해 어떠한 결정이 나오든지 상관없이 그 자체로는 목적이 될 수가 없다.

제21장 민주정의 고전적 교리

I. 공공선과 인민의 의지

민주정에 대한 18세기 철학은 다음과 같은 정의로 구현될 수 있다. 민주적 방식은 인민의 의지를 실행하기 위한 목적으로 회동할 개인들을 선출하는 방식으로 인민 자신이 이슈를 결정하게 함으로써, 공공선의 실천을 위한 정치적 결정에 도달하는 제도적 장치이다. 이러한 정의가 갖는 함의점들을 여기서 이야기해 보자.

[18세기 민주정 철학에서는] 정상적인 인격체라면 누구나 합리적 논쟁을 거쳐서 알 수 있고 항상 단순하게 정의할 수 있는 공공선이 정책의 신호등 불빛처럼 존재한다고 주장한다. 그래서 반사회적 이익, 어

rational argument. There is hence no excuse for not seeing it and in fact no explanation for the presence of people who do not see it except ignorance—which can be removed—stupidity and antisocial interest. Moreover, this common good implies definite answers to all questions so that every social fact and every measure taken or to be taken can unequivocally be classed as "good" or "bad". All people having therefore to agree, in principle at least, there is also a Common will of the people (= will of all reasonable individuals) that is exactly coterminous with the common good or interest or welfare or happiness. The only thing, barring stupidity and sinister interests, that can possibly bring in disagreement and account for the presence of an opposition is a difference of opinion as to the speed with which the goal, itself common to nearly all, is to be approached. Thus every member of the community, conscious of that goal, knowing his or her mind, discerning what is good and what is bad, takes part, actively and responsibly, in furthering the former and fighting the latter and all the members taken together control their public affairs.

It is true that the management of some of these affairs requires special

리석음 그리고 제거하려면 제거할 수 있는 무지함이 아니라면 사람들이 그것을 파악하지 못한다는 것은 말도 안 되고 설명하기 불가능한 일이다. 더군다나 이 공공선은 모든 사회적 사실과 과거나 미래의 모든 조치들이 명약관화하게 "좋다" 혹은 "나쁘다"로 분별될 만큼 모든 문제에 대해 명확한 해답을 제시해 준다. 그래서 적어도 원칙적으로는, 모든 사람들은 공공의 선 혹은 이익 혹은 복지 혹은 행복과 정확하게 일치하는 인민의 공동 의지, 즉 모든 이성적인 개인들의 의지가 존재한다는 것에 동의한다. 어리석음과 사악한 이해관계를 제외한다면 아마도 의견이 불일치하고 반대가 존재할 수 있는 유일한 문제는 거의 모든 이가 공유하는 목표 자체를 향해 얼마나 빨리 혹은 느리게 나아가야 하느냐는 속도의 문제일 뿐이다. 그래서 그 목표를 인식하고 있는 공동체의 모든 구성원은 자신의 마음을 알고 좋은 것과 나쁜 것을 분별해, 좋은 것은 증진시키고 나쁜 것은 막는 일에 적극적으로 그리고 책임감 있게 참여한다. 모든 구성원들은 하나로 합심해 자신들의 공공업무를 통제한다.

사실 이러한 공공업무 중 어떤 것을 운영하려면 특별한 적성과 기술이 필요하

aptitudes and techniques and will therefore have to be entrusted to specialists who have them. This does not affect the principle, however, because these specialists simply act in order to carry out the will of the people exactly as a doctor acts in order to carry out the will of the patient to get well. It is also true that in a community of any size, especially if it displays the phenomenon of division of labor, it would be highly inconvenient for every individual citizen to have to get into contact with all the other citizens on every issue in order to do his part in ruling or governing. (···)

It is no less obvious however that these assumptions are so many statements of fact every one of which would have to be proved if we are to arrive at that conclusion. And it is much easier to disprove them.

There is, first, no such thing as a uniquely determined common good that all people could agree on or be made to agree on by the force of rational argument. This is due not primarily to the fact that some people may want things other than the common good but to the much more fundamental fact that to different individuals and groups the common good is bound to mean

다. 그래서 그것들을 가진 전문가들에게 위임해야만 할 것이다. 하지만 이것은 앞서 말한 원칙에 영향을 미치지 않는다. 왜냐하면 이러한 전문가들은 의사가 건강해지고자 하는 환자의 의지를 실행하기 위해 행동하는 것과 마찬가지로 정확하게 단지 인민의 의지를 실행하기 위해 행동할 뿐이다. 또한 사실 어떤 규모의 공동체에서든 특히 분업 현상이 있다면 모든 개별 시민이 지배나 통치에서 자기 역할을 하기 위해 모든 이슈에 대해서 다른 모든 시민들을 접촉한다는 것은 엄청나게 불편한 일이다. *(중략)*

이러한[고전적인] 정치체제 이론은 많은 가정들을 전제로 하고 있는데 가정들은 증명이 필요한 것들이다. 그런데 이것들은 오히려 오류가 있음을 증명하기가 더 용이한 가정들이다.

첫째, 합리적 논쟁의 힘으로 모든 사람들이 합의할 수 있거나 합의하도록 만들 수 있는 단 하나의 결정적 공공선이라는 것은 존재하지 않는다. 이것의 주 이유는 어떤 사람들이 공공선이 아닌 다른 것을 원하기 때문이 아니다. 그보다 더 근본적인 이유는 공공선이란 서로 다른 개인과 집단들에게 다른 것을 의미할 수밖에 없기 때문이다. 공리주의자는 인간의 가치부여 체계에 대한 협소한 시각 때문에 이

different things. This fact, hidden from the utilitarian by the narrowness of his outlook on the world of human valuations, will introduce rifts on questions of principle which cannot be reconciled by rational argument because ultimate values—our conceptions of what life and what society should be—are beyond the range of mere logic. They may be bridged by compromise in some cases but not in others. (…)

Secondly, even if a sufficiently definite common good—such as for instance the utilitarian's maximum of economic satisfaction—proved acceptable to all, this would not imply equally definite answers to individual issues. Opinions on these might differ to an extent important enough to produce most of the effects of "fundamental" dissension about ends themselves. The problems centering in the evaluation of present versus future satisfactions, even the case of socialism versus capitalism, would be left still open, for instance, after the con version of every individual citizen to utilitarianism. "Health" might be desired by all, yet people would still disagree on vaccination and vasectomy. And so on. (…)

러한 사실을 알지 못하지만, 그러한 사실 때문에 합리적 논쟁으로는 해소될 수 없는 균열이 원칙의 문제에서 일어난다. 왜냐하면 궁극적인 가치들, 즉 인생이 무엇이고 사회가 무엇이어야만 하는가에 대한 우리의 인식들은 단순한 논리의 범위를 넘어서기 때문이다. 그것들은 어떤 경우에는 타협으로 서로 접점을 찾을 수 있을지 모르지만, 다른 경우에는 그렇지 않다. (중략)

둘째, 모든 이가 아주 명확한 공공선, 예를 들어, 공리주의자의 경제적 만족의 극대화 같은 것을 받아들인다고 하더라도, 이로 인해 개별적인 이슈들에도 명확한 해답을 찾을 수 있는 것이 아니다. 이런 것들에 대한 견해의 차이는 대부분 목표 그 자체에 대한 근본적인 의견 불일치를 야기할 정도로 중요하다. 예를 들어, 현재의 만족과 미래의 만족을 비교 평가하는 문제들은, 심지어 사회주의 대 자본주의의 경우도, 모든 개별 시민이 공리주의를 수용한다고 하더라도 여전히 미해결된 채 남아있을 것이다. "건강"은 모두가 원하는 바이지만, 사람들은 여전히 백신 접종과 정관수술에 관해서 의견을 달리한다. (중략)

But, third, as a consequence of both preceding propositions, the particular concept of the will of the people or the *volonté générale* that the utilitarians made their own vanishes into thin air. For that concept presupposes the existence of a uniquely determined common good discernible to all. (⋯) [Thus] [B]oth the pillars of the classical doctrine inevitably crumble into dust.

Chapter 22 Another Theory of Democracy

I. Competition for Political Leadership

It will be remembered that our chief troubles about the classical theory centered in the proposition that "the people" hold a definite and rational opinion about every individual question and that they give effect to this opinion—in a democracy—by choosing "representatives" who will see to it that that opinion is carried out. Thus the selection of the representatives is made secondary to the primary purpose of the democratic arrangement which is to vest the power of deciding political issues in the electorate. Suppose we reverse the roles of these two elements and make the deciding of issues by the electorate secondary to

그러나 셋째, 앞서 제기한 두 가지 주장의 결과로 인민의 의지에 대한 특정 개념 혹은 공리주의자들이 자신의 것으로 만들었던 일반의지는 공중 분해되고 만다. 왜냐하면 그 개념은 모두가 알아볼 수 있는 단 하나의 결정적 공공선이 존재한다는 것을 전제로 하고 있기 때문이다. (중략) 이리해 고전적인 [민주주의] 교리의 두 가지 축, [즉 인민의 의지와 공공선] 모두가 불가피하게 먼지처럼 날아가 버리게 된다.

제22장 또 다른 민주정 이론

I. 정치적 리더십을 향한 경쟁

고전적 이론에서 우리가 가장 크게 문제 삼았던 부분은 "인민"이 모든 개별적인 질문에 대해서 명확하고 합리적인 의견을 가지고 있고, 민주정에서는 그런 의견들의 실행을 주관하는 "대표자들"을 선택함으로써 인민이 그런 의견을 실행한다는 명제였다. 여기서는 선거인단에게 정치적 이슈들을 결정할 힘을 부여하는 것이 민주적 절차(arrangement)의 일차적 목적이 되고 이에 비해 대표자들의 선택은 부차적인 문제로 전락해 있다. 그런데 이제 우리는 이 두 개 요소의 역할을 뒤바꾸어서 선거인단에 의한 이슈의 결정을 부차적으로 만드는 반면, 결정을 하도록 되어 있는 사람들의 선출을 일차적인 것으로 만들어 보자. 다른 식으로 말하면, 우리는 이제 인민의 역할이 정부를 만들거나 혹은 나

the election of the men who are to do the deciding. To put it differently, we now take the view that the role of the people is to produce a government, or else an intermediate body which in turn will produce a national executive or government. And we define: the democratic method is that institutional arrangement for arriving at political decisions in which individuals acquire the power to decide by means of a competitive struggle for the people's vote.

(…) [I]t greatly improves the theory of the democratic process. First of all, we are provided with a reasonably efficient criterion by which to distinguish democratic governments from others. We have seen that the classical theory meets with difficulties on that score because both the will and the good of the people may be, and in many historical instances have been, served just as well or better by governments that cannot be described as democratic according to any accepted usage of the term. Now we are in a somewhat better position partly because we are resolved to stress a *modus procedendi* the presence or absence of which it is in most cases easy to verify.

중에 전국 단위의(national) 집행관이나 정부를 만들어낼 중간 단계의 조직을 구성하는 것이라는 입장을 취하게 된다. 그리고 우리는 민주적 방식을 다음과 같이 정의한다. 그것은 정치적 결정을 내리는 제도적 절차로서, 이런 절차를 통해 개인들은 인민의 표를 두고 경쟁적으로 다툼으로써 정치적 결정을 하는 권력을 획득하게 된다.

(중략) 이러한 정의는 민주적 과정에 대한 이론을 크게 발전시킨다. 무엇보다 우선, 우리는 민주적 정부와 아닌 것들을 구분하는 상당히 효과적인 기준들을 갖게 된다. 우리는 고전적 이론이 이런 점에서 어려움에 처해 있는 것을 보았다. 왜냐하면 우리가 어떤 식으로든 민주적이라고 부를 수 없는 정부들이 인민의 의지나 인민의 이익 둘 다를 그렇지 않은 정부만큼 제공하거나 그보다 더 잘 제공할 수도 있고 실제로 많은 역사적 사례에서 그래왔기 때문이다. 이제 우리는 대부분의 경우에 민주적 과정이 있는지 아닌지를 쉽게 판별할 수 있는 절차적 방법(modus procedendi)을 강조하기로 작정했기 때문에 다소 더 나은 입장에 있다.

For instance, a parliamentary monarchy like the English one fulfills the requirements of the democratic method because the monarch is practically constrained to appoint to cabinet office the same people as parliament would elect. A "constitutional" monarchy does not qualify to be called democratic because electorates and parliaments, while having all the other rights that electorates and parliaments have in parliamentary monarchies, lack the power to impose their choice as to the governing committee: the cabinet ministers are in this case servants of the monarch, in substance as well as in name, and can in principle be dismissed as well as appointed by him. Such an arrangement may satisfy the people. The electorate may reaffirm this fact by voting against any proposal for change. The monarch may be so popular as to be able to defeat any competition for the supreme office. But since no machinery is provided for making this competition effective the case does not come within our definition.

Second, the theory embodied in this definition leaves all the room we may wish to have for a proper recognition of the vital fact of leadership. The classical theory did not do this but, as we

예를 들어, 영국과 같은 의회 군주정은 민주적 방식이 요구하는 사항들을 충족한다. 왜냐하면 군주는 의회가 직접 선출했을 경우와 동일한 사람들을 내각의 자리에 임명하도록 실질적으로 제한을 받기 때문이다. 하지만 "입헌" 군주정은 민주적이라고 불릴 자격이 없다. 왜냐하면 이런 군주정에서는 선거인단과 의회가 의회 군주정에서 가지고 있는 다른 모든 권한들을 가지고 있지만 통치 위원회(governing committee)에 대한 자신들의 선택을 군주에게 강요할 권력을 가지고 있지 않기 때문이다. 이 경우에 내각 장관들은 실질적으로나 명목상으로 모두 군주의 하인들이다. 그리고 원칙적으로 그에 의해서 임명되고 해임될 수 있다. 그러한 제도도 인민을 만족시킬 가능성이 존재하고 이런 가능성은 선거인단이 어떠한 변화도 바라지 않는다고 투표를 하게 되면 사실로 드러날 수 있다. 이 군주는 최고의 자리에 대한 어떠한 경쟁도 물리칠 수 있을 만큼 매우 인기가 있을 수 있다. 그러나 이러한 경쟁을 효과적으로 만드는 어떠한 장치도 마련되어 있지 않기 때문에, 이 사례는 우리가 정의한 민주정의 예로 볼 수 없다.

둘째, 이러한 정의에 내포되어 있는 이론은 리더십이라는 필수적인 사실을 언제든지 충분히 인정할 수 있게 한다. 고전적인 이론은 이것을 하지 못했고 우리가 본 바와 같이 선거인단에게 완전히 비현실적

have seen, attributed to the electorate an altogether unrealistic degree of initiative which practically amounted to ignoring leadership. But collectives act almost exclusively by accepting leadership—this is the dominant mechanism of practically any collective action which is more than a reflex. Propositions about the working and the results of the democratic method that take account of this are bound to be infinitely more realistic than propositions which do not. They will not stop at the execution of a *volonté générale* but will go some way toward showing how it emerges or how it is substituted or faked. What we have termed Manufactured Will is no longer outside the theory, an aberration for the absence of which we piously pray; it enters on the ground floor as it should.

Third, however, so far as there are genuine group-wise volitions at all—for instance the will of the unemployed to receive unemployment benefit or the will of other groups to help—our theory does not neglect them. On the contrary we are now able to insert them in exactly the role they actually play. Such volitions do not as a rule assert

주도권을 부여했는데 이것은 리더십을 사실상 무시하는 것이나 마찬가지이다. 그러나 사람들의 집합체는 거의 단지 리더십을 수용하는 방식으로만 행동한다. 사실상 조건반사적으로 일어나는 것을 제외하면 모든 집단 행동은 전형적으로 이렇게 일어난다. 이러한 사실을 인정하는 민주적 방식의 작용과 결과에 관한 주장들은 그렇지 않은 주장들보다 훨씬 더 현실적이다. 이러한 주장들은 일반의지를 실행하는 것에만 그치지 않고, 한발 더 나아가 어떻게 그것이 등장하고 어떻게 그것이 대체되고 위조되는지를 보여줄 것이다. 우리가 가공된 [대중의] 의지라고 불렀던 것은 더 이상 이론으로 설명하지 못하는 것이 아니게 된다. 이론으로 분석할 수 없게 된다면 우리가 할 수 있는 것이라고는 그런 특이 사례가 없기를 간절히 기도하는 것뿐이다. 하지만 이론에 어긋났던 사례도 이제는 이론으로 설명할 수 있게 되는데 이것은 마땅히 그래야만 하는 것이다.

셋째, 그러나, 예를 들어, 실업자들이 실업수당을 받으려는 의지나 다른 집단들이 도우려는 의지 등과 같이 진정한 집단 차원의 의욕들이 있는 한, 우리의 이론은 그것을 무시하지 않는다. 오히려 반대로 우리는 이제 그것들이 실제로 어떤 역할을 수행하는지 정확하게 꿰어 맞출 수 있다. 그러한 집단 의욕들은 일반적으로 저절로 표출되지 않는다. 비록 강렬하고 명

themselves directly. Even if strong and definite they remain latent, often for decades, until they are called to life by some political leader who turns them into political factors. This he does, or else his agents do it for him, by organizing these volitions, by working them up and by including eventually appropriate items in his competitive offering. The interaction between sectional interests and public opinion and the way in which they produce the pattern we call the political situation appear from this angle in a new and much clearer light.

Fourth, our theory is of course no more definite than is the concept of competition for leadership. This concept presents similar difficulties as the concept of competition in the economic sphere, with which it may be usefully compared. In economic life competition is never completely lacking, but hardly ever is it perfect. Similarly, in political life there is always some competition, though perhaps only a potential one, for the allegiance of the people. To simplify matters we have restricted the kind of competition for leadership which is to define democracy, to free competition for a free vote. The justification for this is that

확하더라도, 그것은 종종 오랜 세월 동안 잠재된 상태로 남아 있다가 어떤 정치적 지도자가 그것을 정치적 요소로 전환할 때 비로소 생명력을 갖게 된다. 이것을 위해 그는 직접 하거나 대행인들을 통해 그러한 의욕들을 조직하고 발전시키고 궁극적으로 자신이 경쟁적으로 제공하는 공약에 적당히 집어넣는다. 이렇게 보면 부문별 이익과 여론이 어떻게 상호작용하고 이것들이 어떻게 우리가 정치적 상황이라고 부르는 형태를 만들어내는지를 새로운 시각에서 훨씬 더 분명하게 파악할 수 있다.

넷째, 우리의 이론은 리더십을 위한 경쟁 개념이 모호한 만큼 명확하지 않은 것이 사실이다. 이 개념은 보통 비교되는 경제 영역에서의 경쟁 개념처럼 비슷한 난관들을 지니고 있다. 경제생활에서 경쟁은 결코 완벽하게 없을 수가 없다. 그러나 또한 그것은 완벽하게 있는 경우도 거의 없다. 비슷하게, 정치적 생활에서 인민의 충성을 얻기 위한 어느 정도의 경쟁은, 비록 아마도 단지 잠재적인 것일지라도, 항상 있기 마련이다. 문제를 단순하게 구성하기 위해서, 우리는 민주정을 정의하기 위한 리더십을 위한 경쟁의 종류를 자유 투표를 위한 경쟁에 국한하고자 한다. 이렇게 하는 이유는 민주정이 경쟁적 다툼을 수행하는 인정된 방식을 의미하는 것처럼 보이기 때문이고 또

democracy seems to imply a recognized method by which to conduct the competitive struggle, and that the electoral method is practically the only one available for communities of any size. But though this excludes many ways of securing leadership which should be excluded, such as competition by military insurrection, it does not exclude the cases that are strikingly analogous to the economic phenomena we label "unfair" or "fraudulent" competition or restraint of competition. And we cannot exclude them because if we did we should be left with a completely unrealistic ideal. Between this ideal case which does not exist and the cases in which all competition with the established leader is prevented by force, there is a continuous range of variation within which the democratic method of government shades off into the autocratic one by imperceptible steps. But if we wish to understand and not to philosophize, this is as it should be. The value of our criterion is not seriously impaired thereby.

Fifth, our theory seems to clarify the relation that subsists between democracy and individual freedom. If by the latter we mean the existence of a sphere of individual self-government

한 선거를 통한 방식은 실제로 어떤 규모의 공동체에도 실행 가능한 유일한 방식이기 때문이다. 그러나 이렇게 하면 비록 군사적 반란처럼 리더십을 확보하는 많은 방식들이 마땅히 배제되지만 우리가 "불공정하다"거나 "사기성이 있는" 경쟁 혹은 제한적 경쟁이라고 부르는 경제적 현상들과 놀랍도록 유사한 사례들은 배제되지 않는다. 그리고 우리는 그런 것을 배제할 수도 없다. 왜냐하면 만약에 우리가 그렇게 한다면 완전히 비현실적인 이상적 상태만 남게 될 것이기 때문이다. 존재하지 않은 이러한 이상적 사례와 기존의 지도자와의 어떠한 경쟁도 강제적으로 막는 경우 이 두 개 극단의 중간에 연속적으로 이어지는 구간이 존재하는데, 이 구간에서 민주적 통치방식은 미세한 단계를 거쳐서 조금씩 독재적인 것으로 변해가는 것이다. 그러나 만약에 우리가 철학을 하려는 것이 아니라 문제를 이해하려고 한다면, 이것을 인정해야만 한다. 이렇게 인정한다고 해서 우리의 기준이 소용없을 정도로 심각하게 손상받지는 않는다.

다섯째, 우리의 이론은 민주정과 개인적인 자유 사이에 존재하는 관계를 분명히 하는 것처럼 보인다. 개인적인 자유의 의미가 역사적으로 경계선이 가변적이었던 개인적인 자치의 영역이 존재하는 것

the boundaries of which are historically variable—*no* society tolerates absolute freedom even of conscience and of speech, *no* society reduces that sphere to zero—the question dearly becomes a matter of degree. We have seen that the democratic method does not necessarily guarantee a greater amount of individual freedom than another political method would permit in similar circumstances. It may well be the other way round. But there is still a relation between the two. If, on principle at least, everyone is free to compete for political leadership by presenting himself to the electorate, this will in most cases though not in all mean a considerable amount of freedom of discussion *for all*. In particular it will normally mean a considerable amount of freedom of the press. This relation between democracy and freedom is not absolutely stringent and can be tampered with. But, from the standpoint of the intellectual, it is nevertheless very important. At the same time, it is all there is to that relation.

Sixth, it should be observed that in making it the primary function of the electorate to produce a government (directly or through an intermediate body) I intended to include in this phrase also the function of evicting it.

을 의미한다면, 어떠한 사회도 절대적 자유를 용납하지 않는다. 심지어 양심의 자유와 언론의 자유도 마찬가지다. 반대로 어떠한 사회도 그 영역을 완전히 없애지도 않는다. 분명히 문제는 정도의 차이다. 우리가 보았듯이, 민주적 방식은 비슷한 상황에서 다른 정치적 방식이 허용하는 것보다 개인적인 자유를 반드시 더 많이 보장하지 않는다. 아마도 그 반대일 가능성이 많다. 그러나 여전히 둘 간에 관계는 존재한다. 만약에 적어도 원칙적으로 모든 이가 자신을 후보로 선거인단에게 제시함으로써 정치적 리더십을 위한 경쟁을 자유롭게 할 수 있다면, 비록 모든 경우는 아니겠지만 대부분의 경우, 이것은 모든 이들에게 상당한 정도로 토론의 자유가 있음을 의미한다. 특히, 그것은 보통 상당한 정도의 출판의 자유가 있음을 의미할 것이다. 민주정과 자유 간의 이러한 관계는 절대적으로 엄중한 것은 아니고 손상(tamper)될 수도 있다. 그러나 지식인의 시각에서 보면, 그럼에도 불구하고 그것은 매우 중요하다. 동시에, 그것이 둘과의 관계와 관련해서 우리가 인정할 수 있는 전부다.

여섯째, 내가 선거인단의 주요한 기능이 직접적으로나 중간 조직을 통해서거나 정부를 만드는 것이라고 말할 때, 그것에는 정부를 퇴출시키는 기능도 또한 포함한다는 것을 알아야만 한다. 전자는 단지 지도자나 일단의 지도자들을 받아들이는

The one means simply the acceptance of a leader or a group of leaders, the other means simply the withdrawal of this acceptance. This takes care of an element the reader may have missed. He may have thought that the electorate controls as well as installs. But since electorates normally do not control their political leaders in any way except by refusing to reelect them or the parliamentary majorities that support them, it seems well to reduce our ideas about this control in the way indicated by our definition. Occasionally, spontaneous revulsions occur which upset a government or an individual minister directly or else enforce a certain course of action. But they are not only exceptional, they are, as we shall see, contrary to the spirit of the democratic method.

Seventh, our theory sheds much needed light on an old controversy. Whoever accepts the classical doctrine of democracy and in consequence believes that the democratic method is to guarantee that issues be decided and policies framed according to the will of the people must be struck by the fact that, even if that will were undeniably real and definite, decision by simple majorities would in many cases distort

것을 의미하고 후자는 이러한 수용을 철회하는 것을 의미할 뿐이다. 이것은 독자가 혹시 놓쳤을 것 같은 부분과 관련이 있다. 그는 선거인단이 지도자들을 취임시킬 뿐만 아니라 통제한다고 생각했을 것이다. 그러나 선거인단은 통상적으로 자신들의 정치적 지도자들이나 그들을 지지하는 의회 다수파에 대한 재선출을 거부하는 것을 제외하면 어떤 식으로든 정치적 지도자들을 통제하지 않기 때문에, 우리의 정의가 시사하는 바대로 통제를 한다는 생각은 바꾸는 것이 좋을 것 같다. 때때로, 직접적으로 정부나 개별 각료를 몰아내거나 다른 식으로 어떤 조치를 취할 수밖에 없게 되는 격변 상황이 자발적으로 일어나기도 한다. 하지만 그런 상황들은 예외적일 뿐만 아니라 우리가 보게 될 것처럼 그것은 민주적 방식의 정신에 위반되는 것이다.

일곱째, 우리의 이론은 오랫동안 논쟁이 되어온 사안을 새롭게 이해하는 데에 도움이 많이 된다. 민주정에 대한 고전적 교리를 수용해 민주적 방법이란 인민의 의지에 따라서 이슈를 결정하고 정책을 짜는 것을 보장하는 것이라고 믿는 사람들은 다음과 같은 사실로 인해 충격을 받을 것임에 틀림없다; 비록 그러한 의지가 부인할 수 없이 진짜로 있고 명확하다고 하더라도, 단순 다수파들에 의해서 내린 결정은 많은 경우에 인민의 의지를 실

it rather than give effect to it. Evidently the will of the majority is the will of the majority and not the will of "the people". The latter is a mosaic that the former completely fails to "represent". To equate both by definition is not to solve the problem. Attempts at real solutions have however been made by the authors of the various plans for Proportional Representation.

These plans have met with adverse criticism on practical grounds. It is in fact obvious not only that proportional representation will offer opportunities for all sorts of idiosyncrasies to assert themselves, but also that it may prevent democracy from producing efficient governments and thus prove a danger in times of stress. But before concluding that democracy becomes unworkable lf its principle is carried out consistently, it is just as well to ask ourselves whether this principle really implies proportional representation. As a matter of fact it does not. If acceptance of leadership is the true function of the electorate's vote, the case for proportional representation collapses because its premises are no longer binding. The principle of democracy then merely means that the reins of government should be handed to those who command more support

현하기보다는 왜곡시킨다는 사실이다. 명백히 다수의 의지는 다수의 의지이지 "인민"의 의지는 아니다. 후자는 전자가 절대로 "대표"하지 못하는 모자이크(혹은 혼성물)이다. 단순히 양자를 동일한 것으로 정의(definition)하는 것만으로는 이 문제가 해결되지 않는다. 그래서 사람들은 이 문제에 대한 진정한 해결책을 찾기 위해서 다양한 비례대표제를 고안하고자 노력해 왔다.

하지만 이러한 방안들은 실질적인 이유들로 적대적인 비판에 봉착해왔다. 사실, 비례대표제도는 온갖 종류의 특이 집단들이 자기를 내세울 수 있는 기회를 제공할 뿐만 아니라 그것은 민주정에서 효과적인 정부를 못 만들게 하고 그래서 역경의 시기에 위험을 초래할 것이 명백하다. 그러나 민주정의 원칙을 일관되게 관철한다면 민주정이 제대로 작동할 수 없을 것이라고 결론을 내리기 이전에, 우리는 스스로에게 이러한 원칙이 진정으로 비례대표를 의미하는지 아닌지를 자문해봐야 한다. 사실, 그렇지가 않다. 리더십의 수용이 선거인단의 투표가 하는 진정한 기능이라면, 비례대표제에 대한 옹호론은 성립되지 않는다. 왜냐하면 그것의 전제 조건들이 더 이상 구속력이 없기 때문이다. 그러면, 민주정의 원칙은 단지 경쟁하는 개인들이나 집단들 중 어느 누구보다도 더 많은 지지를 구가하는 사람들에게 정부에 대한 통제권을 건네줘야만 한다는 것을 의미할 뿐이다. 그리고 이것

than do any of the competing individuals or teams. And this in turn seems to assure the standing of the majority system within the logic of the democratic method, although we might still condemn it on grounds that lie outside of that logic.

은 다시 다수결 제도가 민주적 방법의 논리 안에 있음을 확인해 주는 것처럼 보인다. 물론 우리는 여전히 그런 논리를 벗어나는 다른 이유들을 들어서 다수결 제도를 비난할 수 있을지 모르지만 말이다.

색 인

저자소개

최정욱

현재 건국대학교 정치외교학과 교수로 재직 중이며, 경상남도 합천 태생으로 학남초등학교, 덕곡중학교, 서울 대성중학교, 반포중학교, 중앙대학교 사범대학 부속고등학교를 거쳐서 서울대 정치학과 학부와 대학원을 나오고 미국 University of Texas at Austin 정치학과에서 박사학위를 하였다. 정치학의 다양한 분야를 통섭하고 오랜 기간 한국 정치, 동남아 정치경제, 인도 정치와 사회, 그리고 서양과 한국 민주주의 사상을 연구하고 강의하고 있는 정치학자이다. 저서 중에는 Governments and Markets in East Asia: The Politics of Economic Crises(London: Routledge, 2006 and 2014)와 2014년 한국정치학회 학술상을 수상한 Votes, Party Systems, and Democracy in Asia(New York: Routledge, 2012 and 2016), 2018년 대한민국학술원 우수학술도서로 선정되는 동시에 교육부 학술지원사업 우수성과 50선으로 부총리 겸 교육부장관 표창을 수상한 『인도의 사회적 취약층과 우대정책: 기타후진계층(OBC)의 공직, 교육 및 정치부문 할당정책』(서울: 글로벌콘텐츠, 2017), 2022년 대한민국 학술원 우수학술도서로 선정된 『서양 민주 개념 통사: 고대편』(서울: 박영사, 2021)과 더불어 2권의 공저서인 『1948년 헌법을 만들다』(서울: 포럼, 2023)와 『인도대전환의 실체와 도전: 통합과 도전』(서울: 씨아이알, 2023)이 있다. 학술 논문으로는 인도, 한국, 필리핀, 인도네시아, 말레이시아, 태국, 미국, 대만에 관한 경험적 연구들뿐만 아니라, 이 책의 주제인 민주주의와 관련된 것으로 "democracy는 민주주의가 아니라 다수정이다: 공화주의와의 차이를 논하며(2009)," "근대 한국에서의 민주 개념의 역사적 고찰(2013)," "동아시아 5개국 제헌과정의 민주적 정당성 비교(2021),""헌법 제1조의 민주 개념에 대한 제헌국회의 상충적 이해(2022)"와 "한국 대통령의 항목별 법률안거부권 불허의 역사적 기원(2023)"이 있다. 현재 그는 한국연구재단 지원을 받아 장기 개인연구 과제로 서양 민주주의 개념사를 연구하고 있다.

http://www.eastandsouthasia.com, ☎ (02)2049-6083, ✉ drchoi@konkuk.ac.kr

민주주의 고전 산책 : 고대부터 근현대까지

초판발행   2024년 6월 25일

지은이   최정욱
펴낸이   안종만 · 안상준

편 집   양수정
기획/마케팅   박세기
표지디자인   Ben Story
제 작   고철민 · 조영환

펴낸곳   ㈜ 박영사
              서울특별시 금천구 가산디지털2로 53, 210호(가산동, 한라시그마밸리)
              등록 1959.3.11. 제300-1959-1호(倫)

전 화   02)733-6771
f a x   02)736-4818
e-mail   pys@pybook.co.kr
homepage   www.pybook.co.kr
ISBN   979-11-303-1984-1 93340

copyright©최정욱, 2024, Printed in Korea

* 파본은 구입하신 곳에서 교환해드립니다. 본서의 무단복제행위를 금합니다.

정 가 25,000원

이 저서는 2018년 대한민국 교육부와 한국연구재단의 지원을 받아 수행된
연구임(NRF-2018S1A5A2A01029039).